Follow Me

亲历者
旅游书架

《亲历者》编辑部 编著 ★ 年年修订 ★

西安
深度游

慢·旅·行·的·倡·导·者

中国铁道出版社有限公司
CHINA RAILWAY PUBLISHING HOUSE CO., LTD.

图书在版编目（CIP）数据

西安深度游 Follow Me /《亲历者》编辑部编著.
6 版. —— 北京：中国铁道出版社有限公司, 2025. 1.
（亲历者）. —— ISBN 978-7-113-31657-0

I. K928.941.1

中国国家版本馆 CIP 数据核字第 2024WQ9748 号

书　　名：**西安深度游 Follow Me**
　　　　　XI'AN SHENDU YOU Follow Me

作　　者：《亲历者》编辑部

责任编辑：孟智纯　　编辑部电话：（010）51873697
封面设计：郑春鹏
责任校对：安海燕
责任印制：赵星辰

出版发行：中国铁道出版社有限公司（100054，北京市西城区右安门西街8号）
网　　址：https://www.tdpress.com
印　　刷：天津嘉恒印务有限公司
版　　次：2015年3月第1版　2025年1月第6版　2025年1月第1次印刷
开　　本：710 mm × 1 000 mm　1/16　印张：14　字数：297 千
书　　号：ISBN 978-7-113-31657-0
定　　价：68.00元

如何使用本书

景 区

精选西安30个最热门的目的地，囊括西安的旅游精华。

景区概述

用简练的语言，让读者对景区有一个整体认识。

微印象

精选自媒体平台、旅游网站上旅行者对景区作出的价值性点评，让读者对景区有一个初步的认识，确定旅游目的地。

基本信息

包括门票价格、景区开放时间、最佳旅游季节、进入景区的各种交通方式等实用信息。

景区星级

从人文、特色、休闲、美丽、浪漫、刺激6个方面给景区评级。

景区示意图

标注景区出入口、游览线路、观光点、景区配套设施等信息。

子景点

观光点的详细介绍，并配有实用攻略、小贴士、旅友点评等丰富的资讯。

图 片

选取精美图片，提升现场感，提供摄影参考。

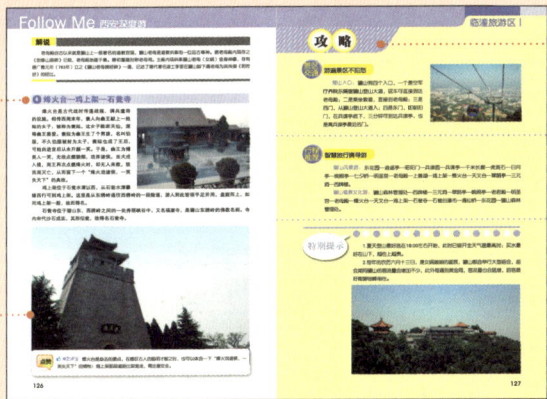

景区攻略

包含住宿、美食、购物、娱乐、行程推荐、景区内部交通、旅游注意事项等，丰富且实用。

导 读

提供西安的基本背景信息，让读者先认识目的地，再开始旅行。

爱上城市

若干幅精美图片，让读者对目的地建立感性印象。

城市概览

以图文形式，梳理城市的地理、历史、文化等知识，让读者对目的地建立初步认识。

读懂城市

以专题的形式，介绍一些文化主题，让读者对目的地产生更深刻的认识。

西安，
来玩就要有深度

一日看尽千年

西安作为十三朝古都，历史文化底蕴相当丰厚。你绝对不能错过的是秦始皇帝陵博物馆，兵马俑还原了那段统一六国的历史，带给我们栩栩如生的秦人神韵。城北的未央宫遗址，巨大的夯土墙和丰富的遗存，记录了大汉王朝的鼎盛。临潼的骊山华清宫遗留有许多园林景观、古建筑，一曲《长恨歌》能从古唱到今，仿佛时光穿越回大唐，令人回味无穷。

如果深入西安古城，你能探访古韵犹存的长安城、古城墙、钟楼、大兴善寺、碑林……古迹不语，但历史会说话。第一站你可以选择陕西历史博物馆，与千年古都开始对话。

寻觅秦岭山水

对于很多背包客来说，秦岭绝对算是一个具有挑战性的存在。这片横贯中国中部的山脉在西安留下了浓重的一笔，从西到东数下来，就有太白山、终南山、骊山。虽白驹过隙、日月如梭，牛背梁、金丝峡、翠华山风貌依旧，走过莽莽数个草甸，穿行于参天林木，西安的山水也会带给你别样的享受。

华山也许比不上川藏线那般令人惊心动魄，但登山途中的惊险想必也会给你留下深刻印象，这里的一草一木勾勒出华山的千姿百态。太白山山顶常年白雪皑皑，天气晴朗时，在百里之外就能望见银色的山峰。

西安古称"长安""京兆",是举世闻名的世界四大文明古都之一,居中国古都之首,自古以来就是帝王古都,经历过周、秦、汉、唐的辉煌,透着难以掩盖的王城气概。这里有中国最完整的古代城墙,也有饱经风霜的古代建筑。走在西安街道上,穿行在巍峨的城墙下,不经意之间,便与古老厚重的历史产生一种奇异的交错感。

西安深度游
Follow Me
慢旅行的伴导者
★ ★ ★ ★

诗词歌赋皆风华

古籍上的白纸黑字,不足以诠释三秦大地的文化风貌,幸亏还有当地人口中的歌谣,以及人们千百年相传的汉赋唐诗。古城墙上每一块斑驳的墙砖都仿佛在向世人展示这里的文化,史书典籍里的一笔一画都仿佛在诉说着当年的故事。我们去关中平原寻找先秦文化的烙印,去皇陵探索先人的文明及他们对信仰的诠释,去南部温习史书中两汉的硝烟。周、秦、汉、唐的盛世已成云烟,历史却依旧在人们的记忆里鲜活。

目录

示意图目录

速读西安

爱上西安

现代文明下的古韵遗风

奇险天下第一山

古城的秦音遥响

西安式的美食享受

西安概览

西安每月亮点

西安地理

西安历史

体验西安味道

品味西安风物

了解西安民俗

西安市区一日游

西安东线秦风唐韵二日游

读懂西安

丝绸之路起点："丝路"梦起的地方

千年古都：西安独具的古色古香

西安民俗：一曲秦腔，一幕皮影

兵马俑：中国辉煌文明的金字名片

特色客栈：领略魅力古都

古街区：沉淀着千年历史文化

西安古寺：修身养性胜地

"网红"城市：古城焕发新魅力

现代文明下的古韵遗风

西安古称长安。"长安自古帝王都",周、秦、汉、唐的辉煌,让世界四大古都之一的西安,透着难以掩盖的皇城气概。丝绸之路沿途的驼铃,世界各国朝拜的使臣,孤灯下翻译经文的玄奘,梨园里华舞霓裳的贵妃,兵马俑、古城墙……带你走进拥有千年历史的十三朝古都。滚滚红尘帝王都,悠悠岁月百姓城。

奇险天下第一山

华山南接秦岭，北瞰黄渭，远眺只见蒸腾的云雾缠绕，峭壁险峰呈现出独特的秀美。登上华山，总是不由惊喜于自然的慷慨，感叹华山的峻、险和美。

古城的 秦音遥响

秦腔是陕西省地方戏，也叫"陕西梆子"，其表演粗犷质朴，唱腔高亢激昂，强烈急促，几近于吼，唱起来带有一种悲壮之气。到了西安不亲身感受一下秦腔的嘶吼，总会觉得有那么一点点缺憾。听了秦腔，思绪也许会彻底留在西安。

鑫源旅

孙家老鋪肉夹馍套餐

鑫源
旅
馆

鑫
源
旅
馆

老任家
孙家老鋪肉夹馍

鲜榨果汁

香酥椒子旋风

西安式的美食享受

西安是著名的美食之城，具有浓郁的西北风情；各种美食和小吃多到数不过来。品尝西安众多的风味小吃是游西安的一大乐事。行走在西安的美食街，品味"舌尖上的西安"，定能感受到不一般的美味诱惑。

西安 每月亮点

6月（农历五月初五）

推荐游玩：端午龙舟赛
地点：汉城湖

7月（7月下旬至9月）

推荐游玩：秦岭冰爽欢乐季
地点：翠华山

1月（农历正月初一至十五）

推荐游玩：西安都城隍庙会
地点：都城隍庙

8月（农历七月初七）

推荐游玩：中华七夕情人节
地点：华清宫

2月（农历正月十五）

推荐游玩：城墙灯会
地点：西安古城墙

9月（9月中旬）

推荐游玩：古文化艺术节
地点：西安市

3月（每年3月最后一周）

推荐游玩：长安国际书法年会
地点：西安碑林博物馆

10月（10月2日至23日）

推荐游玩：丝绸之路国际旅游节
地点：西安市

4月（清明节）

推荐游玩：清明节黄帝陵祭祖
地点：黄帝陵

11月（每年11月第一个周日）

推荐游玩：西安城墙国际马拉松友谊赛
地点：西安古城墙

5月（5月左右）

推荐游玩：草莓音乐节
地点：大明宫国家遗址公园

12月（12月中旬）

推荐游玩：滑雪
地点：西安市白鹿原滑雪场

西安 地理

人口：约 1307.82 万人（2023 年底）
面积：约 1.01 万平方干米
民族：西安以汉族人为主，人口过万的少数民族有回族、满族。

地形

　　西安市的地貌包括平原、黄土台塬、丘陵、山地四种基本形态。一是南高北低，相差悬殊。秦岭山脉横亘南境，山脉主脊构成西安与陕南的分界。二是平原山地界限分明。秦岭山地与渭河平原是西安地貌的主体，形成强烈的地貌对照。三是受秦岭、渭河走向控制，各种地貌均作东西向延伸，南北向交替，呈明显条带状分布，等高线基本呈东西走向。

气候

　　西安属暖温带半湿润大陆性季风气候，四季分明，气候温和，雨量适中。春季温暖、干燥、多风；夏季炎热多雨，多雷雨大风天气；秋季凉爽，气温下降快，秋淋明显；冬季寒冷，多雾，少雨雪。

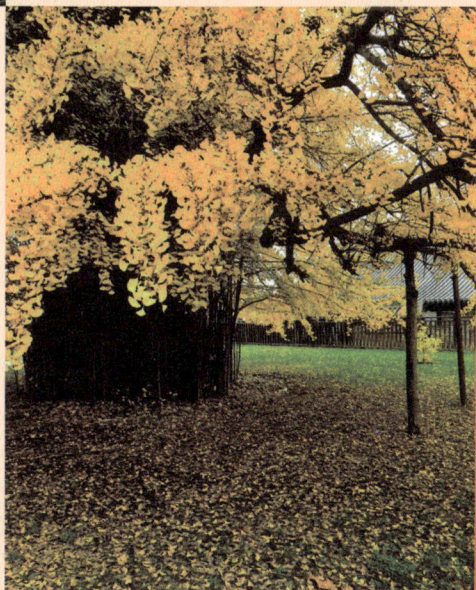

西安
历史

远古时代

    旧石器时代，"蓝田猿人"就在这里繁衍生息；新石器"半坡先民"在此建立部落，在半坡人的经济生活中，农业占了很重要的位置，他们开垦农田，种植一些农作物。除此之外，还饲养家禽、打猎等。

秦朝时期

    公元前 221 年，秦始皇统一六国后称帝，定都咸阳，在西安市境内修建阿房宫。秦宗庙在渭河南岸，荆轲刺秦王，就发生在秦章台宫。

西汉时期

    公元前 202 年，刘邦在今西安称帝，建立西汉王朝，并将此地命名为长安。

    在西汉时期，作为首都的长安城，一直是全国的政治、经济和文化中心。

隋唐时期

　　隋朝最初定都在汉长安城，后在长安城东南建造新都，定名为"大兴城"。唐朝改隋大兴城为长安城，并进行了增修和扩建。贞观八年（634年），在长安北侧的龙首原地区营建大明宫。之后又不断修建城墙、城楼、兴庆宫等建筑。长安城结构布局充分体现了封建社会巅峰时期的宏大气魄，在中国建筑史、城市史上具有划时代的影响。

元明时期

　　元至元九年（1272年），元世祖封其三子忙哥剌为安西王，镇守其地，建安西王府。直到明代才形成今天西安的格局，西安的名称也源于明代，洪武十三年（1380年）和洪武十七年（1384年）分别修建鼓楼和钟楼。

近现代时期

　　1921年，冯玉祥第一次督陕，在原秦王府城（八旗教场）改造房屋，驻扎军队。

　　1936年，在中国共产党抗日民族统一战线政策和全国人民抗日救亡运动影响下，张学良、杨虎城率领东北军和十七路军在西安发动"兵谏"，并提出改组南京政府、停止一切内战等八项抗日救亡主张。

　　1974年，秦始皇兵马俑的成功发掘奠定了西安世界级旅游胜地的地位。

体验
西安味道

邂逅面

  邂逅（biáng biáng）面因面既宽又长，也称裤带面，"面条像裤带"是关中十大怪的其中一怪。裤带面是用关中麦子磨成的面粉，和成面团，再手工拉成长宽厚的面条，煮熟捞出后撒上葱、姜、青蒜、辣椒，再将热油迅速泼在面上即成。

地址：碑林区南院门80号

哪里吃：邂逅面南院门店在粉巷和竹笆市附近，据说这里可以称之为"汉民街"。邂逅面因它特别的名字而闻名，面宽而长，配上酸汤，十分美味。

羊肉泡馍

  羊肉泡馍算是陕西美食的代表。不仅选料严格，而且烹制精细，制作要求非常高。端上桌的羊肉泡馍具有料重味醇、肉烂汤浓、肥而不腻、香气四溢的特点，食前诱人食欲，食后回味无穷。

地址：莲湖区北院门回民街

哪里吃：西安老孙家牛羊肉泡馍曾荣获"国际名小吃"的美誉，被宾客誉为"天下第一碗"，为西安清真饮食文化代表之一。

腊汁肉夹馍

肉夹馍是源于古城西安的著名小吃，起源于战国。实际它是两种食物的绝妙组合：腊汁肉和白吉馍。肉夹馍合腊汁肉、白吉馍为一体，互为烘托，将各自滋味发挥到极致。

地址：碑林区竹笆市街53号

哪里吃：樊记腊汁肉夹馍已有约120年历史，创始人为樊凤祥父子。樊记腊汁肉夹馍以选料精、用料全、火功到、味美、浓郁芬芳而出名。

西安凉皮

西安凉皮口味独特，老少皆宜，又称"酿皮子"，面皮选料精良，工艺严谨，调味讲究，以"白、薄、光、软、筋、香"而闻名，味酸、辣，凉爽可口，宜于夏天食用。

地址：莲湖区西大街5号

哪里吃："提起长安城，常忆羊羹名，羊羹美味尝，唯属同盛祥。"西安民谣里提到的老字号同盛祥，有100多年历史，素以料重味醇、肉烂汤浓、馍筋光滑、香气四溢、清香爽口而闻名。

葫芦头泡馍

葫芦头泡馍在西安几乎是无人不知，它是西安特有的传统风味佳肴，以味醇汤浓、馍筋肉嫩、肥而不腻闻名于国内外。

地址：碑林区南院门25号

哪里吃：西安葫芦头泡馍馆很多，尤以春发生饭店为正宗。

品味
西安风物

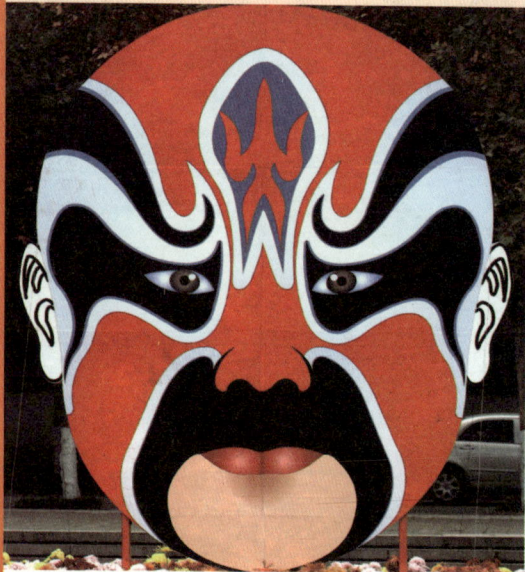

西安是我国有名的十三朝古都，历史悠久，文化灿烂。八百里秦川，处处皆有历史遗迹可寻。

秦腔脸谱

以秦腔戏剧中的人物为依据制作而成，如今已形成了一套规范化的艺术表现手法，如色彩运用上讲究红忠、黑直、粉奸、金神的人物特征。秦腔脸谱不仅是一种小巧精致的工艺品，还是研究秦腔艺术民俗风情的珍贵资料。

麦秆画

麦秆画是我国古文化艺术的一块瑰宝。麦秆画取材独特，工艺别致，画面立体感强，呈现出古朴典雅、富丽堂皇的神奇美感。如做成嫦娥奔月或仕女图则飘飘欲仙；做成动物，栩栩如生；做成山水，如临其境；做成花鸟，如见其形。

户县农民画

西安的鄠邑区原叫户县，户县农民画的地域特色十分鲜明，是一种在陕西关中地区的剪纸、年画、刺绣等民间艺术基础上衍变而来的艺术形式，以朴实的绘画语言，记录了中国农村的时代变迁和绚丽多彩的乡风乡情。其画面简洁而饱满，想象大胆丰富，古拙中流露天工。

兵马俑复制品

兵马俑已经成为西安乃至中国古代文明的一张金字名片，这是世界考古史上最伟大的发现之一。兵马俑复制品塑造的人物的神态、表情、着装惟妙惟肖，马匹的动作栩栩如生，具有很高的艺术价值。

黄桂稠酒

　　黄桂稠酒是一种古老名酒，盛唐时期朝野上下无不饮之。酒状如牛奶，色白如玉，汁稠醇香，绵甜适口，郭沫若曾赞它"不像酒，胜似酒"。相传"贵妃醉酒"喝的就是这种酒，故还称"贵妃稠酒"。

西安刺绣

　　西安刺绣在继承古老的"秦绣"的基础上大胆创新，融进了陕西的地方特色，设计制作的双层细纱绣、穿罗绣等作品，人物生动，色彩绚丽，独树一帜，带有浓厚的黄土地特色。台布、枕套、靠垫和各类旅游品都值得购买。

蓝田玉雕

　　蓝田玉雕以人物和花卉作品居多，选料考究。人物作品多用岫玉、芙蓉石、南玉、紫晶、珊瑚和玛瑙等，雕出的人物个性突出、形神兼备；花卉作品多用珊瑚、松石、翡翠或俏色玛瑙等，制出的花瓶、花篮、各种花类形象逼真，突出了中国玉雕"巧、俏、绝"的艺术特色。

蓝田玉三足斛
Lantian jade carving "Tripod hu"

临潼石榴

　　临潼石榴据传为西汉张骞出使西域时引进中原的，距今已有 2000 多年的历史。临潼石榴素以色泽艳丽、果大皮薄、汁多味甜、核软鲜美、籽肥渣少、品质优良等特点而著称，名居全国五大名榴之冠，被列为果中珍品。

了解
西安民俗

西安是世界四大古都之一，是秦风唐韵之乡。从书法、绘画、剪纸、戏剧、曲艺，到工艺品的编织和制造，从热闹欢腾的社火到别具特色的古城墙马拉松比赛，人们既可领略古代西安传统文化的风采，又能感受到西北黄土风情的神韵。

赛龙舟

农历五月初五，是中国民间的传统节日——端午节。每年这个时候，西安就会举办龙舟比赛活动，以此来庆祝端午节。

地点：汉城湖
时间：端午节

秦腔

秦腔又称"乱弹"，是陕西独具特色的地方戏曲。秦腔声调高昂，唱起来带有一种悲壮之气，尤其是花脸的演唱，更是扯开嗓子大声吼，当地人称之为"挣破头"。

地点：新城区案板街易俗大剧院
时间：演出时间详见剧场通知

城墙灯会

西安每年春节的灯会在城墙南门至和平门段举办，它是中国民间灯会的盛典，届时各式各样的宫灯点缀了古老的城墙，仿佛时光倒流到汉唐盛世，还有木偶、皮影、秦腔、剪纸、划旱船等民间艺术表演。

地点：西安古城墙
时间：春节期间

皮影

皮影戏又名"灯影子"，在关中地区很流行。皮影戏以秦腔为主，关中人称表演技术娴熟的人为"把式"。把式一手可以拿两个甚至三个皮影，"厮杀""对打"，套路不乱，令人眼花缭乱。

地点：莲湖区北院门140号秦之韵皮影
时间：每天12:00~22:00

吹糖人

吹糖人这门手艺到现在已经有600多年的历史，民间"吹糖人"的艺人鼓起腮帮子，不一会儿就将饴糖吹成薄皮中空的扁圆球状，然后捏出造型各异的花鸟鱼虫、人物百态。

地点：雁塔区大雁塔北广场
时间：节假日

西安中国年

春节期间，曲江新区、大唐不夜城、现代唐人街等地将用一场独具特色的灯光秀点亮夜空。在活动期间主要以当地特色美食、地域文化、传统艺术和陕派非物质文化遗产为载体，全面彰显西安传统文化。

地点：大唐不夜城、大明宫等地
时间：春节

民间社火

社火是西安地区一种民间传统娱乐活动。常在过年或喜庆的日子里举行，乐曲比较丰富，有各种传统曲牌。表演形式有舞狮子、耍龙灯、踩高跷、划旱船、大头娃娃等。

地点：雁塔区芙蓉西路99号大唐芙蓉园
时间：春节

西安
市区一日游

上午乘车到碑林博物馆，碑林博物馆是一座以收藏、研究和陈列历代碑石、墓志及石刻造像为主的艺术博物馆。参观完碑林后前往西安城墙，游览中国至今为止保存时间最久的明代城墙。从城墙下来之后可以前往钟鼓楼参观，然后到鼓楼小吃街吃午饭。

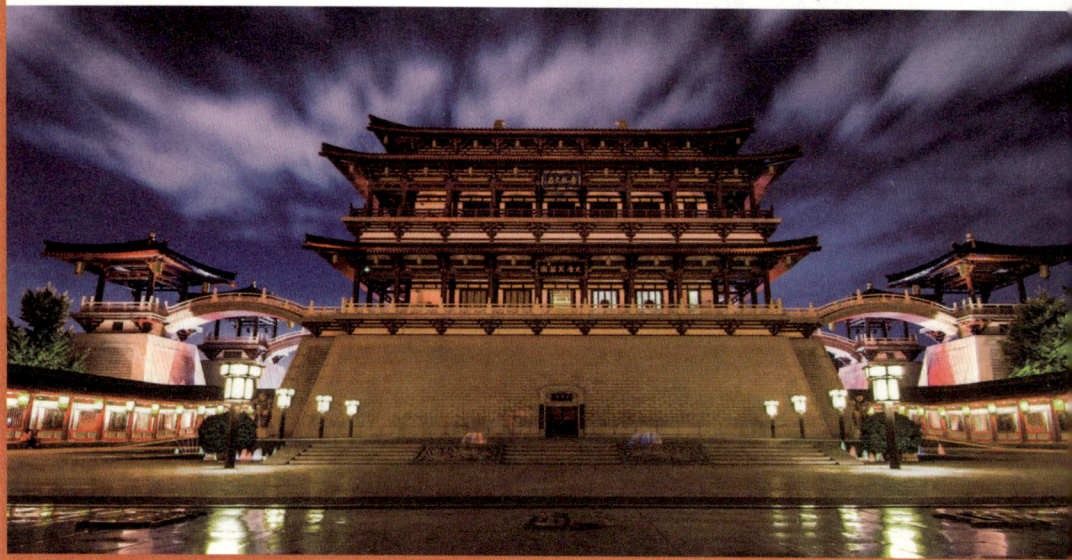

午饭后到被誉为"古都明珠、华夏宝库"的陕西历史博物馆参观。出历史博物馆后步行十分钟左右就来到大雁塔广场，这里有亚洲最大的音乐喷泉。从大雁塔出来步行可到达大唐芙蓉园，晚上有水幕电影与各类唐朝表演、文化介绍。

碑林博物馆　　　　　　　　　　　　　鼓楼　　　　陕西历史博物馆　　　　　　　　大唐芙蓉园
　　　　西安城墙　　　　　　　　　　　　　　　　　　　　　　　　大雁塔

西安
东线秦风唐韵二日游

华清池

秦始皇帝陵
博物院

华山

DAY 1

　　早餐后乘车前往"御浴之都""石榴之城"——临潼，在华清池游览唐代皇家园林，重温杨贵妃与唐明皇的爱情史。午饭后前往秦始皇帝陵博物院进行游览，参观秦陵遗址公园以及秦始皇兵马俑博物馆，随后返回市区住宿。

DAY 2

　　早饭后乘车前往华阴，抵达华山脚下后换乘景区内的小车进入华山风景区，乘"亚洲第一索"上至北峰云台峰，然后步行游览东峰朝阳峰、西峰莲花峰、南峰落雁峰、中峰玉女峰，最后至华山极顶，感受华山的壁立千仞、雄奇险峻。

丝绸之路起点
"丝路"梦起的地方

西汉时期，作为"丝绸之路"的起点，长安是当时东西方国际商贸、文化交流的重要桥梁和纽带。其与欧洲的罗马并列为当时世界上最宏大、最繁荣的城市，有"东长安，西罗马"的美誉。

张骞，从长安出发，穿越大漠戈壁，出使西域。这次被称为"凿空之旅"的开拓之行，在长安与中亚之间打通了一条横贯中西的通道——"丝绸之路"。中原和西域从此互通往来，生生不息，也奠定了汉长安城"丝绸之路"东方起点的历史地位。

唐朝时，长安城内设有东、西两大市场。东市是国内市场，西市是国际市场，也称为"金市"。当时的西市商业贸易西至罗马、东到日本，商铺栉比，摊点密集，品种多样，涉及 220 多个行业，繁华程度盛极一时。

千年古都
西安独具的古色古香

每一座城市都有自己的特色，也就是自己的亮点，正是因为有这些亮点，这座城市才更加具有魅力。西安是历史悠久的世界文化名城，保留了完整的古城风貌。大雁塔下佛经藏，芙蓉园里皇帝游，大明宫中天机断，华清池水贵妃裳。

西安，一座充满古老气息的古都。在这里，中华民族几千年的沉淀与底蕴仍然在静静地延续。

古城墙是最具代表的建筑，是这座城市的"卫士"，因为这里的城墙，这个城市才更加完整，这些斑驳的历经沧桑的城墙，是最好的历史见证者。骑行在城墙上，环视西安城，高楼大厦，泾水渭水，历史已深埋地下。日落月出，沧海桑田，唯一不变的只有屹立此处的古城墙。

钟楼屹立在西安这座城市已经 600 多年了。钟楼是西安历史的见证，是西安的象征，记录着西安沧海桑田的历史。钟楼是古老的，它与鼓楼晨昏相伴，与西安四门遥相呼应。

从钟楼南行，将至南门往东拐，便是书院门古文化街，街口有一座古韵十足的高大牌楼，牌楼上方是"书院门"三个金色颜体大字，街道两旁是清一色仿古建筑，街道为青石铺砌。在二三层雕栏楼阁上，挂着一色的黑底金字牌匾，楼阁上还有深狭的门道，营造出一种儒雅祥瑞、深藏若虚的氛围。

"一带一路"为丝绸之路的起点西安注入了新的活力，地缘优势让西安成为连接国内和"一带一路"沿线各国的重要交通枢纽。满载货物的"长安号"国际货运班列从这里出发，一路向西，破解了新欧亚大陆桥多年"通而不畅"的难题。车轮滚滚、铿锵前行，"长安号"让西安与中亚之间的货运物流进入"读秒时代"。

大雁塔也是西安古色古香的一种体现。大雁塔是楼阁式砖塔，塔身呈方形锥体，具有中国传统建筑艺术的风格。塔身用砖砌成，内有楼梯盘旋而上。塔的底层四面皆有石门，门楣上有精美的线刻佛像，相传出自唐代大画家阎立本的手笔。登上塔顶，凭栏远眺，西安风貌尽收眼底。

千年古都，厚重雄浑，悠悠历史，韵味绵长，令人回味无穷。

阙楼

箭楼

正楼

墙体高 12 米，底宽 18 米，顶宽 15 米，厚度大于高度，建筑稳重坚固

瓮城

墙顶可以跑车和操练

护城河

西安民俗

一曲秦腔，一幕皮影

　　熟悉贾平凹先生的人肯定都知道那篇《秦腔》，书中详细讲述了秦腔的历史，展现了"八百里秦川尘土飞扬，三千万老陕齐吼秦腔"的魅力。观看秦腔，品尝苦茶，就是生活的味道。一曲秦腔，如泣如诉，不仅唱出了秦人的魂，更唱出了大西北黄土地的千年风情神韵。

　　听秦腔，情绪或大悲或大喜，但是，到了西安不亲身感受一下秦腔的嘶吼，总会觉得有那么一点点缺憾。在西安，最合拍的莫过于嚼着羊肉泡馍，喝着辛辣的酒，裹挟在秦腔史诗般的"涛声"里。

　　西安也是皮影戏的发源地，来到这里，可以感受一下皮影戏。皮影戏是我国的文化瑰宝，代表的是秦晋的文化。皮影戏以秦腔为主，演唱者和操纵者配合默契。观看皮影戏最好的地方是高家大院，它是一座古代的建筑，在这里不仅可以观看到皮影戏，还可以看到古老的特色建筑，一举两得。

　　这就是古城西安，西安因为它的文化背景而有着别样的特色，也正是因为这样的特色，才使得更多的人来到西安，爱上西安，品味这里的历史文化。

兵马俑
中国辉煌文明的金字名片

西安这座城就是这样，不用刻意寻找，历史的气息很自然地弥漫在你周围，让人感觉不到敬而远之的生分。秦始皇陵南依骊山的层峦叠嶂，山林葱郁；北临逶迤曲转似银蛇横卧的渭水之滨。高大的封冢在巍巍峰峦环抱之中与骊山浑然一体，景色优美，环境独秀。

不看秦俑，不能算来过西安。埋葬于地下 2000 多年的秦俑宝藏在 1974 年被发现。站在俑坑前，仿佛置身于几千年前秦王征战的战场上。

秦俑的大，是指 3 座兵马俑坑布置在近 2 万平方米的大地上，直观地再现了秦国军队兵强马壮的宏伟场面，目前世界上还没有发现比秦俑规模更为高大的陶俑。秦俑的美，是指这些不同的陶俑中间有气宇不凡的将军，有威武刚毅的武官，更有神情各异的士兵，可谓千人千面，互不雷同，喜怒哀乐，各有其情。

秦始皇兵马俑的出土为世人展示了秦始皇阵容庞大、组织严整的禁卫军，展现出秦朝军队的威武。秦俑艺术是中国古代雕塑艺术史上的一个典范，秦始皇兵马俑是我们民族的骄傲，也是世界文化的宝贵遗产。

跪射俑身穿战袍，外披铠甲

头顶左侧绾一发髻

陶俑多按秦军将士的形象塑造，体格魁伟，体态匀称

陶俑左腿蹲曲，右膝着地，双手在身体右侧作握弓状，表现出一个持弓单兵的操练动作

脚蹬方口齐头翘尖履

特色客栈
领略魅力古都

　　拥有几千年历史的西安，随着历史的风雨姗姗而来，从西周到大唐，虽然名字有过变迁，但本色未改。老院子的欢声笑语中显出中原人家的质朴；千年古槐树依然枝繁叶茂；不知从哪个年代开始醉人的老白干至今飘香；巍然的大雁塔、鼓楼也如昔日般矗立在蓝天白云下，感受着千年的日出日落。

　　西安背包十年青年旅舍是一家"年轻"的旅舍，毗邻钟楼、回坊，集精酿、咖啡、电影、台球、书籍为一体，从脱口秀到狼人杀，从city walk 到民谣音乐会，为年轻人打造专属的共享空间。推开旅舍的大门，走进去，城市中的那份嘈杂喧闹便抛在了身后。

　　放下重重的行囊，白天游览古城，晚上悠闲地待在这里，可以选择和朋友聊天畅饮，也可以独坐享受片刻宁静。这里只是旅途中的一个驿站。进进出出，虽然只是短暂的停留，但墙上的句句留言，道明了快乐与留恋。

古街区
沉淀着千年历史文化

　　走进一座城市，若想触摸到这座城市的灵魂，感受它最真切的气质，必须走进它纵横交错的古老街巷。在那些沧桑的建筑间，沉淀着一座城市的历史文化。徜徉在时光流转的小巷，仿佛穿越历史的长河。西安的历史街区，传递着千年古都的神韵。

　　书院门街是西安著名的历史街区，这条街周围，西有著名的宝庆寺塔，街内有明代陕西最大的学府"关中书院"，东有碑林、卧龙寺。街道中央清一色的仿古式小铺一字排开，售卖各色手工艺品，琳琅满目，让人目不暇接。整个文化街富有浓厚的历史韵味，浸透了浓浓的墨香。

　　如果说书院门街充满了浓郁的书香气息，那么湘子庙街就充满了清淡悠闲的茶香味道。在这里除了有一座上千年的规模不大但很小巧精致的韩湘子庙外，还经营着大大小小的充满文化气息的茶社和各类画廊。西安最早的古旧书店就在这里。

　　回民街在西安绝对是一个标志性的地点。到了西安的游客一般都不会错过回民街，不光是因为街道两旁大量的美食店铺，更是因为这条街道深厚而丰富的文化内涵。走在街区内，随处可见各种富有特色的小店。每到夜晚，这里更是灯火通明，人声鼎沸，来自各地的游客在这里尽享美食和民族风情之乐趣。

　　从知道西安有咖啡起，就知道有德福巷，这是个充满中式味道的名字，古老的牌楼，加上西式的各色咖啡屋，完美的中西合璧。早年间，到这里喝咖啡，还是身份与品位的象征。即使今天，走在其间，也会体味一份闲适。

西安古寺

修身养性胜地

古时的西安是中国佛教最为兴盛的地方。周末来一场说走就走的寺庙游，可以体验佛教文化。

终南山下，一棵千年古银杏树带火了古观音禅寺；"广布仁慈"的广仁寺被誉为陕西离西藏最近的地方；草堂寺曾经由鸠摩罗什主持，"草堂烟雾"曾是古长安八景之一；兴教寺又称"大唐护国兴教寺"，是唐代著名翻译家、旅行家玄奘法师的长眠之地。兴教寺坐北朝南，门内钟鼓两楼夹道对峙，是人们游览和瞻仰玄奘遗迹的地方。香积寺始建于唐高宗永隆年间，是汉传佛教净土宗祖庭。

此外还有密宗祖庭的青龙寺、华严宗祖庭的华严寺等，曾经古寺遍长安，如今虽盛景不再，也不失为闹市中幽静之所在。

"网红" 城市

古城焕发新魅力

　　在当今的互联网时代，西安是一座"网红"城市。从 2018 年底开始，西安就已经变成了和海草舞、小猪佩奇并列的"抖音三宝"。从永兴坊摔碗酒、不倒翁小姐姐，到大唐公主和大唐不夜城，持续吸引着中外游客前来打卡。

　　随着一些影视剧的开播，作为西安城市标签的盛唐气象和历史文化主题旅游，更是深入人心。数据显示，西安近几年稳居十大热门旅游城市之列。

　　北濒渭河、南依秦岭的西安城，曾经是古丝绸之路的起点，先后有十几个王朝在此建都。遥望盛唐，长安城作为古代世界第一个人口破百万的国际化大都市，极具兼容开放之姿态。

　　直至今日，我们依然能在这座城市的某些角落，感受到这座古城历尽沧桑、包罗万象的味道。

第 1 章

西安古城

西安古城墙

钟楼·鼓楼

回民街

化觉巷清真大寺

西安碑林博物馆

西安深度游
Follow Me
带你旅行的好导书

微印象

@爱上文艺 当初读贾平凹的《西安这座城》时，就对这座古城产生了强烈的向往，如今终于来到这里，果然是古色古香，钟楼、鼓楼、回民街……心向往之。

@茉莉花开 在西安读了4年大学，对西安这座古城充满了感情，我愿意骑着自行车，穿越古城的每一条小巷，和街头巷尾的老者交谈，他们好像金庸小说中的扫地神僧，充满智慧。

门票和开放时间

景点	门票	开放时间
西安事变指挥部旧址	20元	9:00~16:00
湘子庙	免费	8:00~17:00
八仙庵	3元	8:00~17:00
莲湖公园	免费	夏季6:00~23:00，冬季6:00~22:00
八路军西安办事处纪念馆	免费	9:00~17:00
张学良公馆（西安事变纪念馆）	免费	8:30~17:00，周一闭馆
广仁寺	免费	8:00~18:00

西安，古称长安，是当年意大利探险家马可·波罗笔下《马可·波罗游记》中著名的古丝绸之路的起点。西安古城大体就是西安古城墙之内的范围了。西安城墙是目前国内保存最完好的古代城墙，虽然是明代城墙，但是它见证了西安古城的岁月沧桑。西安古城，可能有时会不经意地疏忽它，感受不到它的陪伴，可是不管怎样，它都在这里，带你走进拥有千年历史的十三朝古都。

最佳旅游时间

到西安最主要是游览古迹，春天与秋天温度较为适宜，没有冬天的寒冷，阳光照射不像夏天那么强烈，在城内走走很舒适。

景点星级

人文★★★★★

特色★★★★★

休闲★★★★★

美丽★★★★

浪漫★★★

刺激★★

止园（杨虎城公馆）

止园也就是杨虎城公馆，位于青年路中段，是著名爱国将领杨虎城将军 20 世纪 30 年代主政陕西时的官邸，也是西安事变的见证地。

广仁寺

广仁寺位于西安古城墙内西北角，清康熙四十二年（1703 年）敕建，寓意"广布仁慈"，现为全国重点寺院之一，是陕西省唯一藏传佛教寺院。寺内殿宇庄严，花木茂盛，虽居闹市之中，却十分幽静、整洁。

莲湖公园

莲湖公园位于西安市城内莲湖路 18 号，建在唐代长安城的"承天门"遗址上。1916 年辟为公园，是西安历史最悠久的公园。公园北门为传统建筑，古朴典雅。园内南湖水深较大，可荡舟游览，南湖岸西有茶社和八角亭；北湖水浅较小，皆种莲植藕。北湖旁有"荷院"，建筑高低错落，中有荷池。

尚武门

广仁寺

西北三路

玉祥门

莲湖路

止园
（杨虎城公馆）

莲湖公园

市政府

清真寺

鼓

安定门

西大路

南北甜水井

四府街

湘子庙

含光门

勿幕门

朱雀门

西安古城示意图

湘子庙

西安的湘子庙相传为韩湘子出家之地，位于古城南门内西侧，由寺庙区、南院和北院构成。其中寺庙区分为前后两个部分，前部分由广场、山门、香泉、过殿（灵光殿）组成；后部分系大殿，即湘子殿。

八路军西安办事处纪念馆

八路军西安办事处也称八路军驻陕办事处，位于古城西五路北新街七贤庄 1 号，现在建为八路军西安办事处纪念馆。1936 年，中国共产党在西安七贤庄 1 号设立了"红军联络处"，"七七事变"后更为现名，为全国 15 个八路军、新四军办事处中成立最早、坚持时间最长、影响最大的办事机构。

八路军西安办事处纪念馆

革命公园

革命公园

于 1927 年 3 月为纪念西安围城期间死难的军民而建。

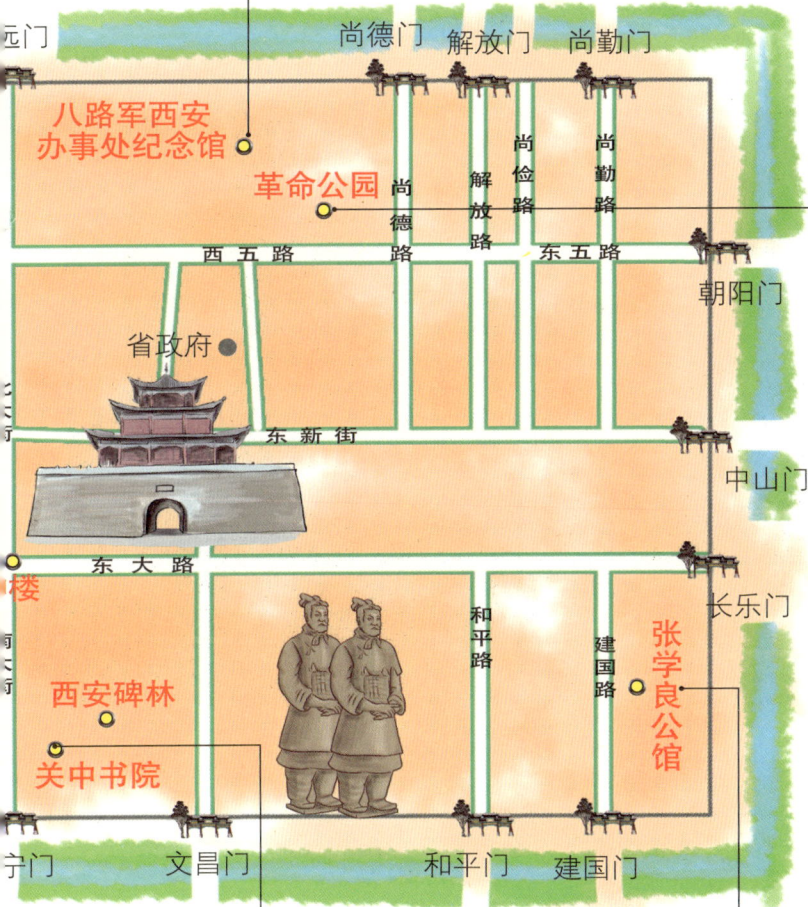

尚德门　解放门　尚勤门

尚俭路　尚勤路

尚德路　解放路

西五路　东五路

朝阳门

省政府

东新街

中山门

楼

长乐门

东大路

和平路　建国路

张学良公馆

西安碑林

关中书院

宁门　文昌门　和平门　建国门

关中书院

关中书院位于南门内书院门街，是明、清两代陕西的最高学府，也是全国四大著名书院之一，西北四大书院之冠。书院由大门、二门、允执堂（讲堂）、左右寮房、东西号房等建筑物组成。清光绪三十二年（1906 年）立为陕西第一师范学堂，民国初年改为陕西省立师范学校，现为陕西省西安师范学校。

张学良公馆

张学良公馆位于建国路金家巷（今建国路 69 号），原东北军将领张学良将军的公馆。1936 年 12 月 12 日，西安事变爆发。中共代表为商讨和平大计来到西安时就住于此，在这里与张学良、杨虎城两位将军确立了和平解决西安事变的方略。新中国成立后这里辟为纪念馆。

住 宿 攻 略

　　西安雀巢民宿：西安市碑林区长安北路草场坡翡翠明珠小区（靠近陕西历史博物馆、西安事变旧址、西安古城墙）。

　　星辰酒店（西安钟鼓楼回民街店）：新城区尚朴路北长巷，位置优越，毗邻西安钟楼、西安回民街、西安古城墙，交通线路四通八达，步行至地铁2号线钟楼站仅需5分钟。

　　雅夫酒店（西安钟鼓楼店）：西安市新城区西五路，酒店离各个景点都很近，步行500米左右就有地铁站，酒店服务也十分热心，还有很多免费的增值服务，比如免费洗衣服、泡脚服务，工作人员每天还会送一杯睡前晚安奶。

行程推荐

　　西安市区一日游：钟楼—碑林—城墙—鼓楼—回民街—历史博物馆—大雁塔—大唐芙蓉园

　　早点可以去小店或小摊品尝，然后乘车到碑林、钟楼、鼓楼，在西安市区任何地方一般都有到钟楼或鼓楼的公交车。从钟楼往东前行穿过骡马市步行街，不远处就是碑林。过了碑林，到达的是南广场（永宁门），这是中国至今为止保存历史最久的明代城墙，大气磅礴，值得一去。城墙上有自行车，可以绕城墙转一圈。从城墙下来之后可以回到回民街吃午饭。久负盛名的有羊肉泡馍、灌汤包、炒凉粉等，建议每样只点一碗，先尝一下，好吃再点，否则会很浪费。

　　午饭后就可以在鼓楼站乘公交车到陕西历史博物馆。出了博物馆，步行十分钟左右就来到大雁塔广场，其中北广场是一个规模很大的音乐喷泉广场。从大雁塔出来步行可到达大唐芙蓉园，其实它就是一个主题公园，要不要进去看自己的兴趣。晚上有水幕电影与各类唐朝表演和文化介绍。

西安古城墙

西安历史的见证者

微印象

@打滚的驴肉火烧 作为西安人，对城墙是再熟悉不过了，我们所指的进城就是指进入到城墙里面，被东西南北四个大城门包裹的城池，才算真正的城。

@麦兜 来西安必到的景点，雄伟，没有以前的金色震撼，但还是可以感受到西安古都的味道，喜欢在上面散步的感觉，如果下次来还是要到古城墙去看一看，租辆自行车兜一圈。

@花的爱丽丝 全国保存最好的城墙了，每个城门都有入口可以上去，不过最好还是从南门上去，瓮城和箭楼还是很有感觉的。

门票和开放时间

门票：54元。

开放时间：8:00~20:00（长乐门、安定门、安远门、文昌门、含光门、西北城角登城口、东北城角登城口），8:00~22:00（永宁门南口、永宁门北口、中山门、建国门）。

最佳旅游时间

春秋两季，登临城墙，不仅景色宜人，而且气候舒适。如果是夏季游览，尽量选择早晨或者落日后上古城墙。

进入景区交通

位置：西安市老城区。

地铁：乘坐地铁2号线到永宁门站下车即到永宁门（南门）。

景点星级

人文★★★★★　　特色★★★★★　　休闲★★★★★　　美丽★★★★　　浪漫★★★★　　刺激★★

作为十三朝古都的西安，文物古迹比比皆是，但是最令人震撼的莫过于一出西安站就映入眼帘的雄伟的古城墙了。古城墙是西安这座古城风貌最杰出的代表，它青色的有些斑驳的墙面时刻提醒着过往的人们——这里是西安。

西安现存城墙建于明洪武七年到十一年（1374—1378年），至今已有600多年历史，是我国现存最完整的一座古代城垣建筑。城墙呈长方形，有东长乐门、西安定门、南永宁门和北安远门四个城门。城墙上外侧筑有雉堞，又称垛墙，上有垛口，可射箭和瞭望；内侧矮墙称为女墙，无垛口，以防兵士往来行走时跌下。正楼高32米，长40余米，为歇山顶式，四角翘起，三层重檐，底层有回廊环绕，古色古香，蔚为壮观。

攻略

登城门： 目前西安城墙共有八处可以登城，分别是：长乐门、永宁门、安定门、安远门、含光门、文昌门、和平门、尚德门，游客可以就近登城。其中南门永宁门是西安城的迎宾门，也是最多游客选择登城的一个门。

环城游： 徒步游览古城墙会很累，不建议；可在南门租辆自行车环城一圈，或者坐电瓶车、黄包车。目前在东、南、西、北四门都有租借自行车服务，骑行结束后在上述任一门都可以返还自行车。同时这四个门还提供观光车环绕服务，可以乘坐观光电动车，在城墙上绕城一圈，全程约50分钟。到含光门时还可以参观含光门遗址博物馆。

观光表演：《梦长安——大唐迎宾盛礼》演出将从4月初持续至10月底，每周四至周日20:30~21:00，五一期间每晚演出双场。票价280/380/580/1280元。平日演出时间：每周二至周日20:00~21:10。

小贴士

1. 城墙景区在南门共有北侧、南侧两个登城口，年票用户需自南门北侧登城口参观游览。

2. 城墙上没有遮挡物。日照较强的白天要注意防晒，夏天傍晚时在城墙上漫步是最舒服的，可以乘凉到很晚。

3. 城墙景区夜景亮化时间：重大节日夜景亮化通宵不熄；节假日夜景亮化时间延长至24时；日常夜景亮化时间延长至23时。南门区域日常对外开放时间延长至24时。

4. 每月15日为西安城墙免费开放日。西安市民可于每月8日至10日在网上预约西安城墙免费开放日门票，预约成功后，可凭门票和身份证免费参观西安城墙。

5. 目前西安城墙和西安碑林博物馆发售联合套票，游客购买套票后，可以游玩以上两个景点，套票面值100元。

❶ 南门——永宁门

原为隋唐长安皇城的"安上门"，明朝扩建西安府城，此门沿用为南门，易名"永宁门"，是"门三重楼三重"的形制。

永宁门闸楼，始建于明崇祯九年（1636年），1990年复建。永宁门箭楼，始建于明洪武十一年（1378年），1926年毁于战火。2014年复建。永宁门正楼，原安上门城楼，明洪武十一年（1378年）重建，沿袭至今。

走在高大的古城墙上，浓郁的历史气息扑面而来，在夕阳余晖的笼罩下，让人有种穿越时空的错觉。

❷ 西门——安定门

安定门建于明洪武七年至十一年（1374—1378年），明代扩建城墙时位置略向南移，取名安定门。有门楼三重：城楼、箭楼、闸楼；城墙三道，城楼于里，箭楼居中，闸楼向外。门楼下均有拱券式门洞，洞高宽为6米。

城楼与箭楼之间有方形瓮城，平时是出入通道，战时是防守要地。城楼北侧有观望台一座，西门箭楼是我国迄今为止保存最完整的古城堡。

> **点赞** 👍 @大漠孤烟 有人说长安是一种情怀，青灰色的石墙，红色的瓦砾，带着浓厚的情怀，沉静着你的心灵。在西安，到处是四方的城墙，残断的碑石，通向皇陵的蜿蜒古道。随处可见的城墙切断了天空，也切断了你的眼帘。

❸ 北门——安远门

北门，正式名称为安远门，也是明代留下来的文物。安远门位于西安城南北中轴线上，"安远"二字是继承中原王朝对边远少数民族采取的怀柔安抚政策，希望与少数民族和谐相处。现城门外是环城北路—陇海铁路高架，道路为北关正街，称门内道路为北大街。

❹ 东门——长乐门

东门的正式名称叫长乐门，但是在历史上却并不"长乐"。相传明末李自成起义军由东门攻入西安。李自成看到悬在城门上的"长乐门"匾额，对身边士兵说："若让皇帝长乐，百姓就要长苦了。"将士们一听此言，群情激愤，点火烧毁了这座城楼，直到清代又重新建造。西安事变前，张学良将军曾在东门城楼上训练士兵，目前这里已被修复作为西安事变纪念地。

👫 亲子研学

西安城墙的秘密

马面：登临西安明城墙，会发现在高大的墙体外侧，每隔一定距离，就会有凸出于墙体外侧的一段，这就是马面（或称为敌台、墩台、墙台）。平面有长方形和半圆形两种，因外观狭长如马面而得名。

马面的使用是为了与城墙互为作用消除城下死角，自上而下从三面攻击敌人。它的一般宽度为12~20米，凸出墙体外表面8~12米，间距为20~250米（一般为70米）。

西南城角：西安城墙四角各城楼叫"角楼"，如果能够绕城墙走完一圈，就会发现唯独城墙西南角是圆形的，其他三个城角则是方形的。这一点，相当一部分当地人都不知其原因。

据说，西南城角处于地震带上，只要角台被人修成方形的，修一次就出现一次问题，最后没办法只能保留圆形。另一个传说是，明代城墙修建之前，西安有位王姓老太太，遭受儿子和儿媳折磨，最终饿死在街头。当地父母官得知此事后，在西安城墙西南角台附近，将老太太的儿子和儿媳问斩。大家认为二人无德不孝，方形代表着堂堂正正做人，因此未将此角楼改变形状，所以现在看到的西安城角还保留着当初的风格。

正楼、箭楼、闸楼：冷兵器时代武器落后，城门又是唯一的出入通道，因而这里是守城者苦心经营的防御重点。西安城东、西、南、北四座城门，分别有正楼、箭楼、闸楼三重城楼。闸楼在最外，其作用是升降吊桥；箭楼在中，正面和两侧设有方形窗口，供射箭用；正楼在最里面，是城的正门。

⑤ 环城公园

环城公园以古城墙为主线,是一个集合了明代城墙、护城河和环城林带三位于一体的立体化公园,具有独特的风貌,为西安这座古城所独有。

公园具有独特的风貌,护城河水青草绿,公园中河、林布局与城墙协调一致,相得益彰。园中不仅建有亭廊、雕塑、诗碑等隐于花草之中,使人轻松愉悦,更有小游船等设施可供泛舟护城河,更添乐趣。

攻略

娱乐 城市魅力深体验

马拉松: 每年下半年,西安都会举行城墙马拉松比赛。数千名海内外马拉松爱好者都会相约古城同场竞技。从永宁门东侧出发,全程约13.7千米。这项赛事活动现已成为全世界马拉松爱好者的隆重节日。

玩摄影: 整齐的东南城角和圆柱形西南城角是摄影爱好者的最爱,在护城河外可以取个好角度拍摄。

看灯会: 自1984年开始,每年春节西安都举办城墙灯会,年年观花灯,岁岁人不同。灯会上有各式各样的宫灯,还有木偶、皮影、秦腔、剪纸、划旱船等民间艺术。

专题
西安城墙城门

除前文介绍的东南西北四门外，西安城墙还有不少城门，值得了解一番：

含光门："十八城门，含光称奇"。隋唐时此门初建，是西安南城墙偏西的一处城门。考古发现，它是现存最为完好的隋唐长安城遗址。

勿幕门：是西安城墙的一座城门，位于南城墙含光门与朱雀门之间。勿幕门又叫小南门，是民国时期新开辟的城门。1926 年，为纪念辛亥革命中陕西革命先烈井勿幕先生而修。现勿幕门为单门洞，门内为四府街，门外为红樱路。

文昌门：碑林博物馆南侧的文昌门，开通于 1986 年。这里的城墙上建有魁星楼，是西安城墙上唯一与军事防御无关的设施。魁星又名"奎星""奎宿"，位列二十八星宿之一，古代传说是主宰文运兴衰的神，被人们尊称"文曲星""文昌星"。如果被他的朱笔点中，就能妙笔生花，连中三元，成为状元。所以，古代孔庙、学府里都建有供奉香火的魁星楼。魁星楼也顺势建在城墙之上。

和平门：是西安城墙一座城门，开通于 1953 年，位于南城墙文昌门与建国门间。为了表达饱经战乱的中国人民对世界和平的渴望，故名和平门。现在城门内为和平路，城门外为雁塔路。和平门与火车站、大差市、大雁塔在一条轴线上。

玉祥门：是位于西安城墙西门以北的一个城门。1928 年，陕西省政府主席宋哲元为纪念冯玉祥将军的历史功绩而特开此门，取名为玉祥门。

尚武门：是北城墙最西一门，与尚德门、尚勤门、尚俭门共同表示儒家崇尚的"良好品德、习武健身、勤俭节约"。现城门内为西北三路，城门外为工农路。

尚德门：位于北城墙解放门西。现城门内为尚德路，城门外为火车站西盘道。

尚俭门：位于北城墙解放门与尚勤门之间。现城门内为尚俭路，城门外为火车站东盘道。

尚勤门：是北城墙最东一门。现城门内为尚勤路，城门外与环城北路成丁字路口。

朝阳门：是东城墙最北一门，因为这座城门朝着太阳，是每天第一个见到阳光的城门，故取名朝阳门。城门内为东五路，门外为长乐路。

中山门：又叫小东门，位于东城墙朝阳门与长乐门之间。在冯玉祥倡议下，于 1926 年初开辟了中山门，以纪念国民革命领袖孙中山。现城门内为东新街，城门与环城东路成丁字路口。

钟楼·鼓楼

西安古城的标志性建筑

微印象

@人气王 西安的标志性建筑，伫立于两条马路交叉的中心，很是气派。很多城市都有钟鼓楼，能保存得如此完好的却不多。

@三月杏花 西安的夜景太美了，一进入市中心就被钟楼鼓楼震撼了。

门票和开放时间

门票：联票50元，敲钟另收费。

开放时间：8:30~18:00。

进入景区交通

位置：西安古城内东南西北四条大街交会处。

地铁：可乘坐地铁2号线到钟楼站下车。

景点星级

人文 ★★★★★　　特色 ★★★★★　　休闲 ★★★　　美丽 ★★★★　　浪漫 ★★　　刺激 ★

"晨钟暮鼓"曾经是西安这座古城人们真实的生活写照，现在它们虽然早已失去了报时警备的作用，但是作为古城的象征，钟楼和鼓楼早已镌刻在古城人们的心中。白天钟鼓楼庄严肃穆，晚上在灯光的映照下，显得金碧辉煌，仿佛穿越了沧桑的历史，向我们走来。

亲子研学

晨钟暮鼓

所谓的"晨钟暮鼓"，并不是晨击钟、暮击鼓，而是指早晨先鸣钟次击鼓，晚上则先击鼓后鸣钟。早晚两时所击的鼓，称作"晓鼓"与"昏鼓"，与敲钟一样，是作为报时之用的。若集众时，亦有以击鼓作为信号的记载。

1 钟楼

钟楼始建于明洪武十七年（1384年），因楼上悬挂铁钟一口而得名。钟楼是一座重檐三滴水式四角攒尖顶的阁楼式建筑，建在用青砖、白灰砌成的方形基座上，呈典型明代建筑艺术风格，顶部为三重四面攒尖顶结构，覆着深绿色琉璃瓦，顶尖用真金铂包裹。

钟楼分为上下两层，由台阶踏步上至基座的平台进入一层大厅，大厅四面有门，周为平台，顶有方格彩绘藻井，二层四面有木格窗门与外廊相通。屋面敷设绿色琉璃瓦，整个建筑显得宏伟壮观。

小贴士

钟楼的入口在地下通道内，而且由于现在钟楼的四个券门封闭，游客也是从地下通道上到钟楼上。

点赞

@小白兔莫莫 西安市的标志，也是来西安必去的景点之一。钟楼下的地下通道会令人晕头转向，如果方向感好的话可以来挑战一下！

@屋顶上的猫 奔波在西安城中，每天都会经过钟楼，总是给人一种古朴、典雅的感觉。显示出西安的文化气息，值得一去！

解说

1.钟楼为砖木结构，重楼三层檐，内有楼梯可盘旋而上。在檐上覆盖有深绿色琉璃瓦，楼内贴金彩绘，画栋雕梁，顶部有鎏金宝顶，金碧辉煌。钟楼里现有的景云钟是仿制的，原有的景云钟现已迁到西安碑林博物馆。

2.钟楼门扇上的浮雕精美繁复，表现出明清盛行的装饰艺术。每一层的门扇上均有八幅浮雕，仔细欣赏一幅幅浮雕，它们会告诉你许多古代饶有趣味的典故逸闻，有兴趣的游客可以欣赏一下。

② 鼓楼

西安鼓楼始建于明洪武十三年（1380年），是中国古代遗留下来的众多鼓楼中形制最大的鼓楼之一，东与钟楼相望。鼓楼坐落于北院门街的南端，建于高大的长方形台基之上，台基下辟有高和宽均为6米的南北向券洞。楼体建于基座的中心，为梁架式木结构楼阁建筑，面阔七间，四周设有回廊。

楼上原有巨鼓一面，每日击鼓报时，故称鼓楼。鼓楼南边有牌匾"声闻于天"。其中南匾"文武盛地"与山海关的"天下第一关"牌匾被誉为"中国两匾"。

> 点赞 👍 @最美的时光 和钟楼相比，鼓楼更加适合夜游，从回坊吃完小吃逛完街出来不远处就是鼓楼，很多地方都是拍摄的绝佳角度！爱好摄影的游客也可以在这里一试身手！

③ 钟鼓楼广场

钟鼓楼广场位于西安旧城中心——钟楼的西北角，东起钟楼盘道，西至鼓楼中轴线，沿西大街靠北而建。广场东侧为有着600多年历史的钟楼，西侧为全国最大的鼓楼。

这里曾是盛唐时期尚书省所在地，为当时执行国家政务的最高行政机关。如今建成的钟鼓楼广场绿草如茵，草坪用石板隔成了九经九纬，就是唐长安街坊棋盘式的结构。

> 点赞 👍 @燕子东南飞 夕阳西下，暮色四合。落日的余晖洒在钟楼金顶上，镀上了一层玫瑰色，正值下班时间，东边河岸边的街道上，车如游龙人如潮。但广场上倒不显得喧嚣。紧张忙碌一天的人们，三三两两，或静坐或漫步于如棋盘般的草坪上，享受这份难得的安谧。

车水马龙，流光溢彩，璀璨灯光下的钟楼有着别样的美。

攻 略

娱乐 城市魅力深体验

西安钟、鼓楼作为西安标志性建筑物，现已开辟为博物馆，馆内长期举办音乐、文物、字画、清式家具、瓷器和中国鼓文化展等展览，还有大型"晨钟暮鼓"仿古仪仗表演、专业的仿秦乐府编钟表演、民族鼓乐表演等，使"静态"的陈列显得动态生动。

表演节目单			
地点/形式	曲目名称	表演时间	备注
钟楼/编钟表演	《钟楼神韵》	9:10、10:30、11:30 14:30、15:30、16:30	每日表演6场，表演时间为10~15分钟
	《赶牲灵》		
	《春江花月夜》		
	《喜洋洋》		
	《茉莉花》		
	《彩云追月》		
	《友谊地久天长》		
	《花好月圆》		
	《迎宾曲》		
鼓楼/鼓乐表演	《战鼓风云》	9:10、10:00、11:00 15:00、16:00、17:00	每日表演6场，表演时间为10~15分钟
	《欢天喜地》		
	《黄河船夫》		
	《龙腾虎跃》		
	《双鼓绝唱》		
	《滚核桃》		
	《山林汉子》		
	《迎宾锣鼓》		
	《鼓舞》		

回民街

品尝舌尖上的西安

微印象

@蔷薇花 很热闹的一条街，走在里面小吃很多，这里的人都很友善，虽然语言不通，但是感觉很亲切。装修也各有特色，侧面还有一条街，里面有各种民俗商品，很有意思。

@马小洛5585 各种小吃琳琅满目，贾三灌汤包、腊汁肉夹馍、油泼面、甑糕、凉皮、胡辣汤等，每一样都很好吃！

门票和开放时间

门票：免费。

开放时间：全天开放。

进入景区交通

位置：西安城墙内西北部，鼓楼边上。

公交：乘坐地铁2号线到钟楼站、1号线到洒金桥站下车，步行即达。

景点星级

人文★★★★★　　特色★★★★★　　休闲★★★★★　　美丽★★　　浪漫★★★　　刺激★

一部《舌尖上的中国》带火了陕西美食，可要问西安哪里能品尝到正宗的陕西小吃，答案毫无争议是回民街。别以为这只是一条街那么简单，它是西安市中心回族同胞聚集区内多条街道的统称，由北院门、北广济街、西羊市、大皮院等街道组成。这里是西安小吃的集中地，作为几百年历史的回族同胞聚集区，这里还能感受到浓浓的民族气息。

整个回民街区店面商铺鳞次栉比，各种各样的清真食肆与摊点连成一片，里面有许多百年老字号小店。据说这里的居民是隋唐时期沿着丝绸之路来到长安的波斯人、阿拉伯人的后裔，其中很多都是皇室贵族，因此回民街至今已有上千年历史，已经成为西安的一张城市名片。

链接　回民街美食

西安具有浓郁的西北风情，美食主要有灌汤包子、羊肉泡馍、西安镜糕、金线油塔、凉皮、酸梅汤、岐山面、饺子宴等。品尝西安小吃的地方除南稍门、东新街的夜市外，还可以去鼓楼后的小吃街，街道两边都是古色古香的仿古建筑，各种知名的西安小吃应有尽有。

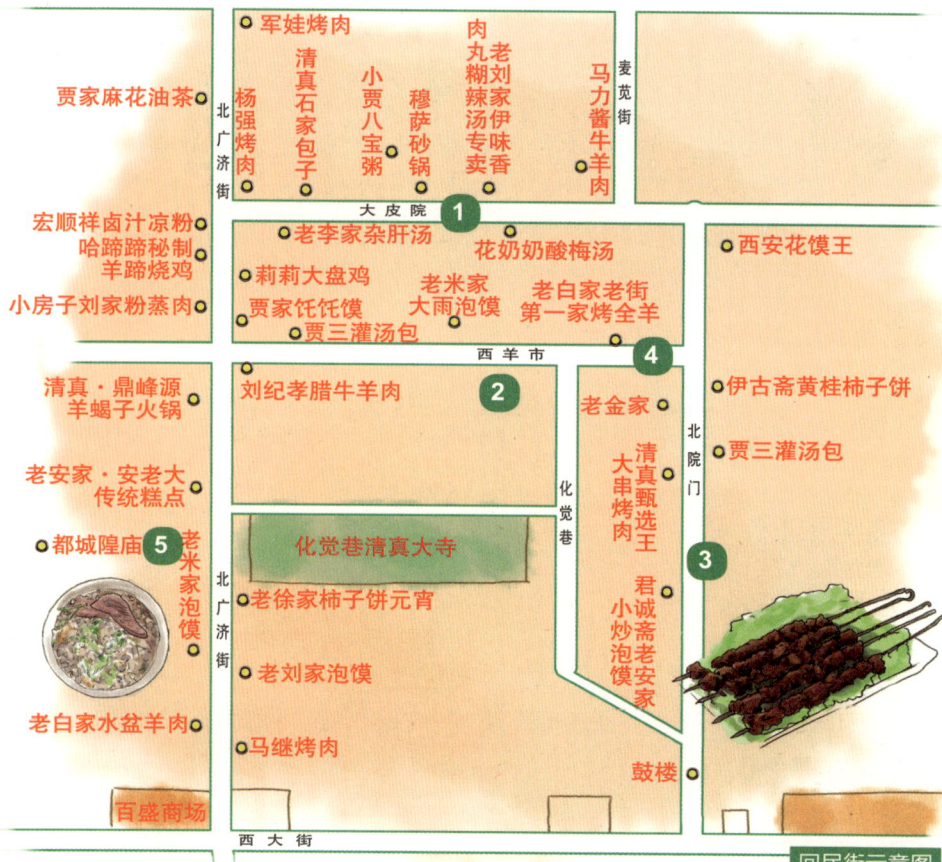

攻略

回民街的小吃很多，其中有几家老字号特别受欢迎：德发长（钟鼓楼广场西大街街3号）、老孙家（北院门南端）、贾三灌汤包子店（西羊市北院门93号、在鼓楼后的小吃街上）、春发生（南院门25号）、三原老黄家西安分店（文艺路天伦盛世5楼）、同盛祥（莲湖区西大街5号）、解放路饺子馆（西五路陇海大酒店西南侧）和樊记腊汁肉（竹笆市街53号）。

军娃烤肉

肉丸糊辣汤

老刘家伊味香专卖

马力酱牛羊肉

贾家麻花油茶

杨强烤肉

清真石家包子

小贾八宝粥

穆萨砂锅

北广济街

麦苋街

大皮院　**1**

宏顺祥卤汁凉粉

哈蹄蹄秘制羊蹄烧鸡

小房子刘家粉蒸肉

老李家杂肝汤

莉莉大盘鸡

贾家饦饦馍

贾三灌汤包

老米家大雨泡馍

花奶奶酸梅汤

老白家老街第一家烤全羊

西安花馍王

西羊市

清真·鼎峰源羊蝎子火锅

刘纪孝腊牛羊肉

2

老金家

4

清真甄选王大串烤肉

伊古斋黄桂柿子饼

贾三灌汤包

北院门

老安家·安老大传统糕点

都城隍庙　**5**

老米家泡馍

北广济街

化觉巷清真大寺

老徐家柿子饼元宵

老刘家泡馍

君诚斋老安家

化觉巷

小炒泡馍

3

老白家水盆羊肉

马继烤肉

鼓楼

百盛商场

西大街

回民街示意图

1 大皮院

大皮院是位于西安回坊内的一条街道，以街道内所经营的回民饮食而闻名，大皮院不似回民街，少了繁杂的商业元素和行色匆匆的游客，更多的是回归食物本身的味道。

大皮院是一条不大的小巷子，但是这里却是商铺林立，热闹非凡。尝一碗泡馍，吃一盆小酥肉，再来一杯冰镇的酸梅汤，就是最西安特色的生活了。从早晨一碗热腾腾的肉丸胡辣汤，到半夜的一把烤肉就啤酒，大皮院一天24小时的节奏里从不缺乏美食。这里是众多西安当地人时常光顾的"解馋地儿"，也是了解西安美食的不二选择。

2 西羊市

西羊市街东临北院门，西临北广济街，东西长400多米。它是西安城内一条传统的历史古街，具有600多年历史，元朝时即已形成，最早叫羊市，以进行羊只和羊肉交易为主。居民以回族居民为主，有着浓郁的民族文化传统。

3 北院门

北院门位于鼓楼北侧，就是人们熟知的回民街。北院门在唐代属皇城范围，清代因街北巡抚部院署与今西大街以南总督部院署分称"北院""南院"，遂名北院门。街区内为仿古明清建筑风格，南有鼓楼，北有牌坊，清真大寺、古宅大院镶嵌于鳞次栉比的店铺食肆之间。

街道上青石铺路，两边绿树成荫，商铺林立，人声鼎沸，笼罩着浓厚的市井氛围。北院门街上分布着各种特色小吃、精品小店。尤其是晚上十分热闹，街道两边本已密布着商铺，在店面的前面却又是密密麻麻的小吃摊，在这里，可以品尝到各色小吃，水盆羊肉、镜糕、肉夹馍、羊肉泡馍、各种烤肉串，应有尽有。

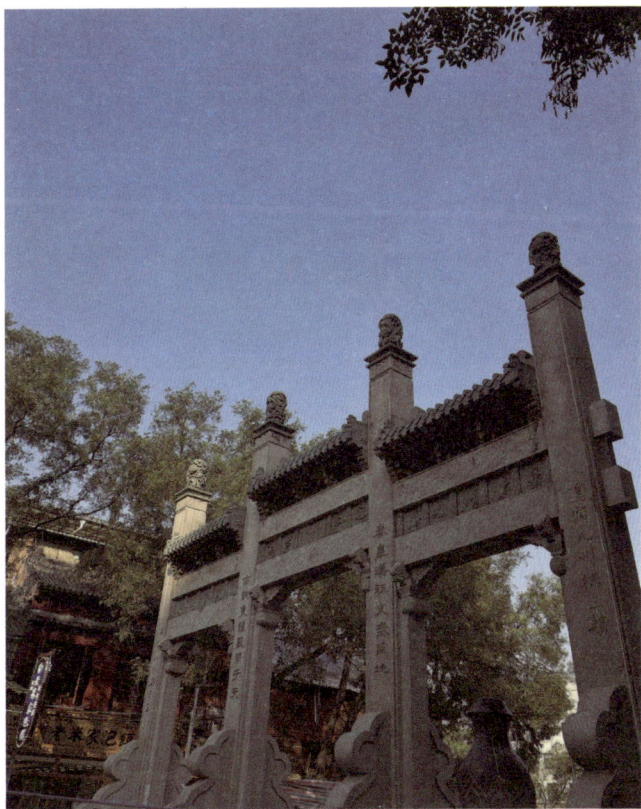

④ 高家大院

　　高家大院是高岳崧的故居。高岳崧祖籍江苏镇江，清同治十年（1871年）参加科举考试，被皇帝钦点榜眼，明崇祯十四年至清同治十年，高家本族七代为官。

　　此院属三院四进式砖木结构四合院，其主体是明崇祯年间建筑，距今已有400多年历史。大院以"家"文化作为旅游开发的总思路，院内的家具陈列、传统民居楹联、砖雕艺术皆古香古色，韵味浓厚。现有西安中国画院在院内办公。

攻略

　　1.大院开发者将这里作为发掘和保护关中民俗文化的基地，经常有皮影戏、民间剪纸及古筝表演等活动。

　　2.每逢重要的活动、节日，工作人员全部穿上仿古服装，以"家"里不同的身份出现，让整个大院仿佛回到清代或明代的某一特定时间的特定场景。

⑤ 都城隍庙

　　都城隍庙始建于明洪武二十年（1387年），原址在东门内九曜街，明宣德八年（1432年）移建现址，是当时天下三大城隍庙之一，统辖西北数省城隍，故称"西安都城隍庙"，简称"都城隍庙"。

　　都城隍庙大牌楼与山门口相邻，枋梁斗拱层层叠叠，雕梁画栋，高贵华丽；门顶两面大匾上分别书贴金字"都城隍庙""你来了么"，出自颜真卿的真迹楷书；大牌楼前，一对蹲狮护佑，勃然大气。整个庙观布局整齐、规模宏大、巧夺天工、美轮美奂，是一座建筑艺术的宝库。

专题
西安特色美食街

　　永兴坊：一条非常有特色的西安非遗美食一条街，重建了仿古的社区，不同于回民街的清真美食，这里多是汉族小吃。除小吃以外，永兴坊里还有陕北楼、关中楼、陕南楼，里面有陕西各地特色的盛宴，真正做到不出西安就能吃遍陕西。

　　东新街：西安有名的夜市街，小吃种类丰富，以陕西风味为主，兼有全国各地风味小吃，能满足各种口味。一到晚上整条街灯火通明，一家店铺挨着一家店铺，围满了吃夜宵的人群。

　　大车家巷：西安不折不扣的面食天堂，摆汤面、杠子面、手撕面、棍棍面、揪面片、饺子等，基本上能想到的当地特色面食这里都囊括了。

　　芙蓉街：位于雁塔西路和红专南路之间，是一条实实在在的美食街。300多米长的街道两旁分布了约20家当地餐馆，从烧烤、麻小到炒菜、海鲜，整条街味道都不差，每到傍晚，这里人声鼎沸直至深夜。

　　菊花园：位于西安闹市区的东大街中段南侧，是一条闹中取静的幽幽深巷。西安饭庄、绝味鸭脖、鸡汤刀削面、小杨大包、大荔牛羊肉水盆、老马家肉丸胡辣汤等都是这里不可错过的美食。

　　洒金桥：这里有着老陕人熟知的地道西安美食，一条不打眼儿的老巷子，两边的老字号却是一家接着一家。这里最有名的是夜市，午夜时分生活才刚刚开始。

　　顺城巷：顺城巷位于城墙之下，环境清幽静谧，美食点众多，四城泗麻炸肉、疙瘩茄子、有机菜花、哑巴鱼都是不错的选择。这里还集中了风格迥异的青年旅馆、食店、酒吧、咖啡屋，更有一些秦腔或相声曲艺社，值得一逛。

　　灞柳风情街：位于灞桥区纺渭路与柳烟路交会处东南角，外观采用仿古建筑群落与民间传统建筑相组合，错落有致。灞柳风情街分为灞柳院子、陕西农副产品展示基地及品牌餐饮三部分，汇集了原汁原味、风味浓郁的陕西各地美食。

化觉巷清真大寺

清真寺古典建筑的杰出代表

微印象

@东食西宿 从外观上看来就是一个四进的四合院，完全是典型的中式建筑。清真大寺是我最喜欢的那种古迹。

@cdaisy 整座清真寺挺大，一进又一进，慢慢逛可以看很久。里面的建筑、石雕都非常精美。

@dadanguo 进门不远处是一座很大的木质牌坊，一看就很有年代感，很大也很精致。里边有好几进院子，两侧厢房摆了一些桌椅家具，也都是有年头的东西。还有个一真亭，这个亭子两侧各有一个短短的附亭，像是小走廊的感觉，整体感觉非常规整稳重。

门票和开放时间

门票：旺季25元，淡季15元。

开放时间：8:00~20:00。

最佳旅游时间

四季皆宜。

进入景区交通

位置：西安市莲湖区化觉巷30号。

交通：乘坐地铁2号线到钟楼站下，步行可达。

景点星级

人文★★★★★　　特色★★★★　　休闲★★★★　　美丽★★　　浪漫★　　刺激★

　　化觉巷清真大寺位于回民街小巷内，建于唐玄宗年间，距今已有1200余年的历史，当地人俗称东大寺、清真大寺。大寺的建筑沿袭了飞檐斗拱的中国传统建筑风格，没有阿拉伯式的圆顶、塔楼，处处是中国传统的木质楼阁。而在寺内很多木门和砖墙上，能看到不少伊斯兰艺术风格的木雕和砖雕，楼阁的匾额书写有阿拉伯文字。化觉巷清真大寺的砖雕堪称一绝，刀法细腻，技艺超凡，题材大多为花鸟鱼虫及福寿安康之类，也有少数阿拉伯文字的砖雕，非常珍贵。

　　化觉巷清真大寺是中国传统的中轴对称的庭院式寺庙，具有园林化的特点，一树、一石、一亭、一阁，均显巧妙。中轴线为东西走向，位于东边的照壁是中轴线的起点，沿着中轴线依次排列着木牌楼、五间楼、石牌坊、敕修殿、省心楼、连三门、凤凰亭、月台、礼拜大殿等主要建筑。其中礼拜大殿是寺中最重要的建筑，也是做礼拜的场所，位于院落最深处。全寺主要建筑大多为明代所建。

　　进入礼拜大殿，要经过四重院落、九道门枋。第一院的中心建筑是木牌楼，古建木牌竖于中央，高大精细，雕绘精美，琉璃瓦顶，非常壮观。

　　第二院是悬挂"清真寺"匾额的五间楼，院内中央竖立石牌坊一座，为三间四柱式，中楣镌"天监在兹"，两侧坊楣刻"钦冀昭事"和"虔诚省礼"。牌坊前后有甬道，两侧建有两座石碑，嵌于砖构龛内，一为明万历三十四年（1606年）冯从吾所撰

《敕赐重修清真寺碑》，碑阴镌刻来米芾手书"道法参天地"五个大字；另一为清乾隆三十七年（1772年）立的《敕修清真寺碑》，碑阴镌刻明礼部侍郎董其昌手书"敕赐礼拜寺"五个大字。

第三院是省心楼，乃二层三檐八角形攒顶古楼，其侧建有"讲经堂"。入口处为敕修殿，系明嘉靖年间所修清真寺的正门，门上悬挂"敕赐礼拜寺"金字横匾，同为董其昌手书。殿内有阿拉伯文"月碑"，内容记载了阿拉伯历推算方法。

第四院中央有凤凰亭一座，状如展翼神鸟，随后还有全寺的中心场所——礼拜大殿。大殿约1300平方米，可容纳千余人做礼拜，其内另有井画400余幅，书以阿拉伯文图案。顶棚藻井共由600余幅彩绘组成，全为阿拉伯文组成的几何图案。窑殿四壁遍布雕画，色彩绚丽。

化觉巷清真大寺景色优美，意境悠远。宁静伫立的古老石质建筑及色泽淡雅的亭台楼阁，都似由遥远的唐朝一路风尘仆仆而来，伴有淡淡的孤独傲然气质，记录下丝丝逝去的时光。

点赞 👍 @水漫三楼 很古老的一座清真寺，里面游客不多，很清净，环境清幽。适合慢慢走，细细看，是闹中取静的好地方。

👫 亲子研学

西安古城内的清真寺

除了化觉巷清真大寺外，古城内还分布着许多其他的清真寺。主要有：

大学习巷清真寺：位于大学习巷路西，因处化觉巷清真大寺之西，又称西大寺。据寺内现存石碑记载，该寺创建于唐神龙元年（705年），是西安最古老的清真寺之一。

广济街小清真寺：相传创建于明代晚期（1600年前后），因地处广济坊、临近化觉巷清真大寺，故又称"清真小寺"，坊民戏称为大寺的"哨门"。

小学习巷清真营里寺：顾名思义，此寺为"兵营中的清真寺"，对于营里清真寺最早的记载是在唐代宗年间。

洒金桥清真西寺：位于洒金桥2号，其前身是佛教的"海会庵"，后被改为清真寺，现在的寺院已经是中国传统建筑和阿拉伯风格相结合的群落。

洒金桥清真古寺：亦称清真北寺，其建筑年代久远，相传元明时期已存，距今已六七百年之久。大门内挺立着一棵苍劲雄伟、体形粗壮的大槐树，距今亦有数百年历史。

大皮院清真寺：始建于明永乐九年（1411年），为中国古典式建筑风格。寺院周围树木参天，花草披拂，环境整洁幽静。

小皮院清真北大寺：因其在化觉巷清真大寺以北，亦称"北大寺"，与化觉巷（东大寺）、大学习巷（西大寺）一起并列为西安三大清真古寺，以悠久的历史和培养出大批有成就的宗教学者而著称于世。

西安碑林博物馆

石刻艺术的殿堂

微印象

@卡布奇诺 非常值得一去，就算看不懂书画，也值得在书院门前逛逛买点纪念品。这里的玛瑙坠、岫玉手镯都挺漂亮，精美绣花的鞋垫、造型美观的剪纸也不失为好的旅游纪念品。

@春天的小燕子 真的很不错，这里是我来西安最不虚此行的地方，里面的石碑很多且价值珍贵。

@秋雨绵绵 上次去碑林博物馆买拓片送人，参观了一下，里面主要以石碑、古文物为主，无论是里面的购物区还是师傅现场制作拓片，都比较新奇。

门票和开放时间
门票：10元。
开放时间：9:00~17:30。

进入景区交通
位置：西安市碑林区三学街15号，西安南城墙文昌门内。
地铁：地铁2号线在永宁门站下，步行可到。

景点星级
人文★★★★★　特色★★★★★　休闲★★★★　美丽★★　浪漫★★★　刺激★

对于喜欢书法艺术的人来说，西安的碑林博物馆是不可不去的地方。西安碑林博物馆的前身是建于1944年的陕西省博物馆，但是西安碑林本身始建于北宋元祐二年（1087年），是收藏我国古代碑石时间最早、数目最大的一座艺术宝库，陈列有从汉到清的各代碑石、墓志共一千多块。因为碑石众多，形似森林，故名碑林。

1 碑林

碑林最初是北宋吕大忠等人为保藏因战乱而委弃民间的唐《石台孝经》《开成石经》及颜真卿、柳公权等所书的著名石碑而兴建的。碑林内容丰富，它既是我国古代书法艺术的宝库，又汇集了古代的文献典籍和石刻图案；记述了我国文化发展的部分成就，反映了中外文化交流的史实，因而驰名中外。

碑林是在古碑林的基础上，利用西安孔庙古建筑群扩建而成的。碑林现收藏自汉代至今的碑石、墓志达4000余件，时间跨度达2000多年，收藏数量与历经朝代皆为中国之最。这里碑石如林，篆、隶、楷、行、草各体具备，名家荟萃，精品林立，令人惊叹不已。

点赞 👍 @小兔白白 从书院门里走进去，就能到达碑林，是西安的老景点了。这里总给人穿越的感觉，古色古香，喜欢书法、雕刻的人绝对不要错过。

🧑‍🤝‍🧑 亲子研学

《开成石经》：中国最完整的一套石刻书籍，为唐文宗开成二年（837年）所刻的十二部经书，共114石，228面，刻650252字。这些经书是中国封建社会知识分子必读之书，因刻成于唐开成年间，而得名《开成石经》。

《石台孝经》：石碑林立最宏伟的石碑，碑高近6米，碑顶有雕满卷云的双层华冠，碑座有线刻狮子、蔓草的三层石台，碑身是四块巨石合成，上刻有唐玄宗李隆基于天宝四年（745年）亲自用隶书书写并加以注释的《孝经》，以及他为《孝经》作的序。

② 孔庙

孔庙始建于唐代，保存了很多明清时期的建筑，现为全国重点文物保护单位，也是碑林博物馆石刻艺术新馆驻地。

孔庙里不仅保存了古代文庙的完整格局，在碑林中轴线两旁，还矗立着7座清代建筑的碑亭，每座碑亭里都有一座巨大的碑石，它们均为满汉两种文字合刻，是清朝的康熙、雍正、乾隆三位皇帝的纪功碑石。

攻略

新石刻馆还开设多媒体互动部分，观众可以在互动中了解碑林，包括模拟雕像、隔空翻书、电子拓印、3D魔幻书四种形式。

③ 西安石刻艺术室

西安石刻艺术室位于西安碑林博物馆内的东侧，建于1963年，匾额为陈毅元帅所题，里面收集展示的内容主要为自汉代至明清的陵墓石刻。其中东汉双兽、汉画像石砖、唐李寿石椁及墓志、昭陵六骏、老君像等，雕刻手法多样，风格各异，是不同历史时期石刻艺术中的精品。老君像为唐代华清宫朝元阁内遗物，端庄肃穆、雍容恬静，是唐代石刻中的珍品。

④ 石刻艺术馆

石刻艺术馆以"长安佛韵"为展览主题，共展出约150件北魏至宋代的石刻造像，代表了史上长安佛教艺术的最高水平，即造像碑区、造像区、大型造像区。造像以石刻造像为主，包括兼具造像和文字题记的造像碑，体量庞大的单体佛、菩萨立像，雕琢细致的背屏式造像，玲珑精巧的龛式造像，以及大量残断但造型精美的佛首、菩萨首等。

点赞 👍 @薰衣草 这是我很喜欢的一个景点，历史悠久，碑石如林，收藏了历代书法名家的传世之作，非常值得仔细看看。只是走在里面就觉得心安静下来，去的时候人很少，非常清静。里面外面都有卖拓片的，喜欢书法的人不要错过。

攻略

书法展：西安碑林博物馆还依托馆内资源，经常举办各类临时展览，如西安碑林国际临书展等，对书法感兴趣的朋友可以提前了解展出时间，前去参观。

延伸

在参观碑林博物馆的同时，还可以去旁边的文化街购买带有文化气息的纪念品，如隋唐菩萨头像仿品、碑林石碑拓本、东坡真迹全本拓本、旺桩等礼品。

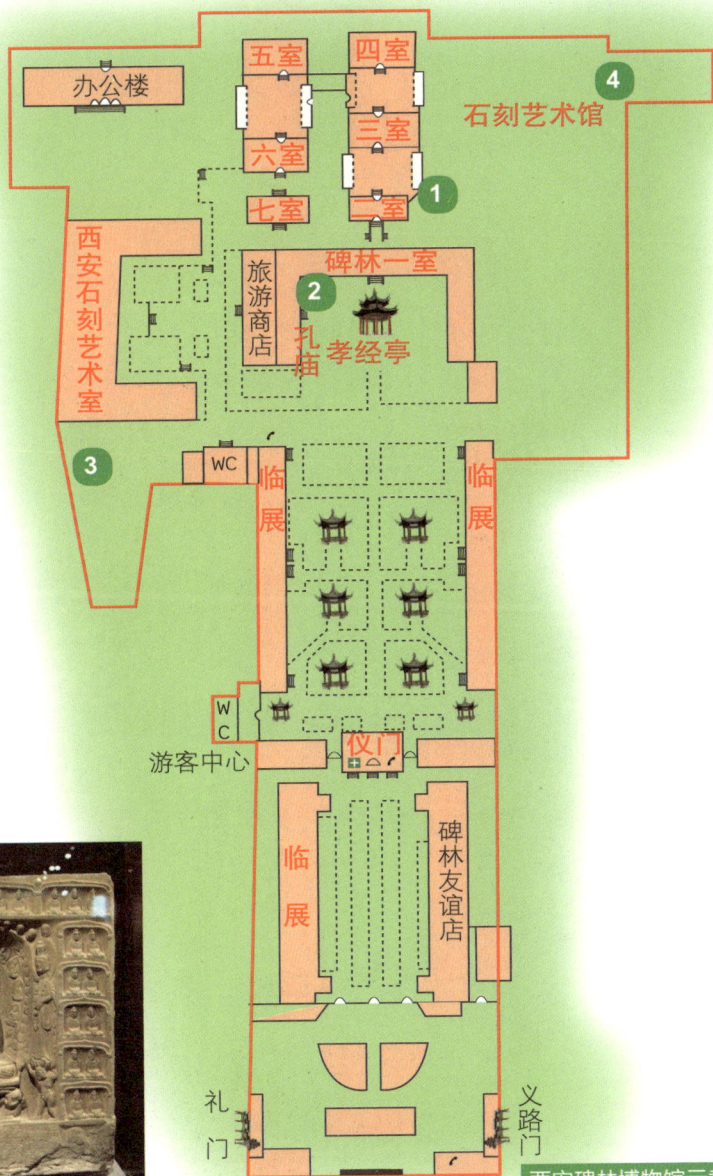

西安碑林博物馆示意图

大雁塔文化休闲景区
陕西历史博物馆
西安博物院
大唐芙蓉园
大唐不夜城
大兴善寺

大雁塔文化休闲景区

西安人的精神记忆

微印象

@茉莉花 北广场的音乐喷泉规模很大，带着期待就去了。但我去的时候是白天，不是晚上，没有看到多么美的画面，不过，总体感觉还是不错的，建议晚上去，可以看到美丽的夜景。

@七剑下天山 大唐不夜城感觉是既有古城的韵味，又很现代的一条街，晚上夜景很美，都是大商场，逛逛感觉挺不错。

门票和开放时间

门票：大慈恩寺50元，登塔需另加30元。

开放时间：8:30~18:30（3月至10月14日），8:30~17:30（10月15日至次年2月）。

进入景区交通

位置：西安市雁塔区慈恩西路。

地铁：乘地铁3号线、4号线在大雁塔站下。

景点星级

人文★★★★★　特色★★★★★　休闲★★★★★　美丽★★★★　浪漫★★★　刺激★

大雁塔文化休闲景区坐落在西安标志性建筑——大慈恩寺内大雁塔的脚下，是一个以千年古塔大雁塔为轴心，以大雁塔北广场为主体的旅游文化休闲景区，并以它得天独厚的唐代文化底蕴和极富唐风佛韵的风格成为游客的乐土、市民的家园、城市的窗口、文化的胜地，被誉为西安的"城市会客厅"。

❶ 大雁塔

大雁塔位于大慈恩寺内，当年高僧玄奘在慈恩寺译经期间为存放从印度带回的经书、佛像，于唐永徽三年（652年）在寺西院建造了一座仿印度雁塔形式的砖塔，这座塔就是大雁塔。

大雁塔是楼阁式砖塔，塔身为七层，塔体呈方形锥体，由仿木结构形成开间，由下而上按比例递减，每层皆存舍利。塔身各层壁面均用砖砌扁柱和阑额，并在每层四面的正中开辟砖券的大门。塔内设置扶梯，可盘旋而上至塔顶，可以凭栏远眺，在塔内可俯视西安古城。明代在塔外包砌一层厚砖，磨砖对缝，坚固异常。

攻略

进入南门，洞壁两侧镶嵌有多通明代题名碑，其中《玄奘负笈像碑》《玄奘译经图碑》也值得一观，一层塔内，还设有古塔常识及中国名塔照片展，展示了佛塔的起源与发展、结构和分类。

第二层的塔室内，供奉着一尊铜质鎏金的佛祖释迦牟尼佛像，到此游览的游客均争先礼拜瞻仰，在两侧的塔壁上，还附有文殊菩萨、普贤菩萨壁画两幅及现代名人书法多幅，多是唐代诗人登临大雁塔有感而发的诗句。

第三层塔室中，安置一木座，座上存有珍贵的佛舍利及大雁塔模型。

第四层塔室内供奉着两片长约40厘米、宽约7厘米的贝叶经，上面刻写着密密麻麻的梵文。

第五层陈列着一通释迦如来足迹碑，还展出有玄奘鲜为人知的数首诗词。

第六层悬挂着杜甫、岑参、高适、薛据与储光羲五位诗人的诗会佳作。

第七层塔顶刻有圣洁的莲花藻井，中央为一硕大莲花，花瓣上共有14个字，连环为诗句，有数种念法。站在塔顶可向四周远眺，古城四方景色尽收眼底。

② 大慈恩寺

　　大慈恩寺是世界闻名的佛教寺院，唐代长安的四大译经场之一。大慈恩寺建于唐太宗时期，是太子李治为了追念母亲文德皇后而建，并由玄奘法师担任首任主持。期间，法师督造了大雁塔。

　　寺院山门内，有钟、鼓楼对峙，中轴线之主体建筑依次是大雄宝殿、法堂、大雁塔、玄奘三藏院。钟、鼓是寺院的号令，俗有"晨钟暮鼓"之说。东侧钟楼内悬吊明代铁钟一口，明嘉靖二十七年（1548年）铸造，重三万斤，高三米多。唐代学子考中进士后到慈恩塔下题名，谓之"雁塔题名"，后沿袭成习。寺内牡丹亭种植有名贵牡丹70多种。

点赞 👍 @大漠孤烟 这里风景不错，而且大雁塔也在这里，里面有介绍了很多玄奘取经的故事，整体给人一种清理心灵的感觉，让人没有那么浮躁。

👪 **亲子研学**

慈恩寺里赏牡丹

　　牡丹是长安寺院中享有盛名的观赏花开，而大慈恩寺的牡丹堪称一绝。其出众之处在于品种多而名贵。物以稀为贵，每年花季到慈恩寺赏牡丹的人络绎不绝。早在唐朝就留有"长安年少惜春残，争认慈恩紫牡丹""赏春无酒饮，多看寺中花"的大慈恩寺中赏牡丹的诗句。

③ 雁塔南苑（唐大慈恩寺遗址公园）

　　雁塔南苑前身为曲江春晓园，因建在唐大慈恩寺遗址上而闻名。公园是大雁塔文化休闲景区中相对独立且主题特色鲜明的开放式园林，与大慈恩寺紧邻。园内有不少精巧典雅的造像、雕塑，高宗建寺以圆雕的形式展现了其指挥建寺的场景，玄奘建塔、鉴真东渡也都以雕塑的艺术形式展现了经典的历史故事。

整个园区有着精巧典雅的格调，也有着幽深高远的文化气息。它超然、悠然、隐遁、空灵的意趣最自然不过地表现了隐逸的人格精神中的另一种气度。园内的大佛像更是衬托了佛教园林的宗教氛围。作为佛教文化主题园林，园区无所不在地向游客传达了"禅悟"式的中国宗教体验。

4 雁塔东苑（陕西戏曲大观园）

雁塔东苑位于大雁塔北广场东侧，是一个陕西地域特色突出的文化场所。园中有戏曲彩绘雕塑、地方戏曲铸铜浮雕等雕塑群。漫步其中，《五典坡》《斩李广》等多个秦腔传统剧目组成的雕塑群，展现出"大秦腔"的独有魅力。

5 雁塔西苑（陕西民俗大观园）

雁塔西苑（陕西民俗大观园）位于北广场西侧，在原西安盆景园基础上改建而成。园内风光清雅，雕塑小品传神，整体景观与大雁塔北广场浑然一体，相映成趣。整个西苑以陕西民俗文化为主题，用活灵活现的雕塑艺术形象集中展示了陕西关中、渭北高原、陕南、陕北等地具有代表性的民俗风情，颇有韵味。

6 大雁塔北广场（水景广场）

大雁塔北广场位于著名的大雁塔脚下，是国内最大的唐文化主题广场之一。广场上最吸引游客的是位于中轴线上的音乐喷泉。表演时喷泉样式多变，特别是夜晚的表演，在背景灯光的映照下，更显得流光溢彩。

围绕喷泉还有不少细致的小景观，如北广场入口处的大唐盛世书卷铜雕，其后的万佛灯塔和大唐文化柱，旁边的大唐精英人物雕塑群，还有地面铺装的地景浮雕，具有中国美术特色的"诗书画印"雕塑等，甚至灯箱、石栏等建筑上都题有著名诗篇。广场旁的步行街上还有一些反映唐代民众生活场景的系列雕塑。

攻略

除周二外每天演出四场，第一场12:00~12:15；第二场16:00~16:15；第三场19:00~19:15；第四场21:00~21:15（周二因设备例行检修，故演出两场次，演出时间为19:00、21:00）。

雁塔东苑（陕西戏曲大观园）

4

6

N

大雁塔北广场（水景广场）

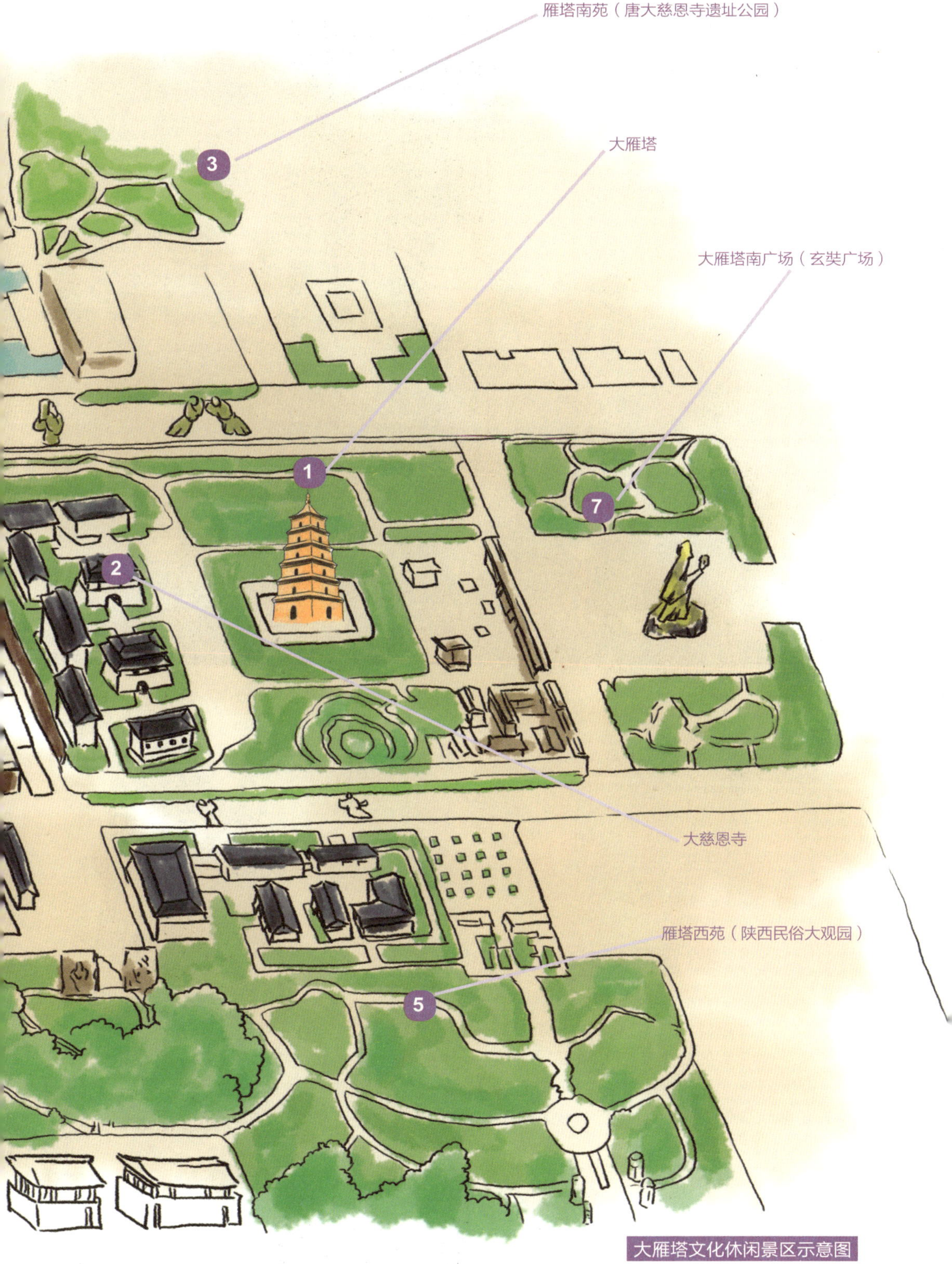

雁塔南苑（唐大慈恩寺遗址公园）

大雁塔

大雁塔南广场（玄奘广场）

3

1

7

2

大慈恩寺

雁塔西苑（陕西民俗大观园）

5

大雁塔文化休闲景区示意图

⑦ 大雁塔南广场（玄奘广场）

　　大雁塔南广场标志性建筑为玄奘立式雕像。广场周围绿地青葱，小桥流水，视野开阔。广场中央矗立着近5米高的玄奘大师青铜雕像，大师身披袈裟、手持锡杖、器宇轩昂、步伐坚定，好像正奔波在西行取经的路上。

　　在大雁塔南广场，花岗石铺就的地面和小桥流水展现了它的庄严与肃穆，园林绿地勾勒出一幅唯美古朴的画面。

攻略

住宿 驴友力荐的住宿地

大唐博相府酒店：酒店北依大雁塔北广场，西与大雁塔一墙之隔，东临著名的唐代大慈恩寺遗址公园（原春晓园）；南与曲江大唐不夜城、大唐芙蓉园遥相辉映，是中国首家唐文化博物馆式酒店，由著名的建筑设计大师张锦秋设计。

酒店是在原唐代历史博物馆的基础上改造而成，仿唐式建筑风格、中国传统的三进庭院、廊坊花苑式结构，小桥流水，绿草茵茵，处处展示着深厚的大唐文化和盛世长安的悠悠古韵。

地址：西安曲江新区大雁塔芙蓉东路6-1号。

美食 饕餮一族新发现

大雁塔附近有许多饭馆、小吃店，无论是地道的西安小吃还是各种中餐、西餐都应有尽有。推荐小六汤包（大雁塔南广场）、子午路张记肉夹馍（雁塔区朱雀大街383号北侧）、海底捞火锅城（长庆坊玺岸广场3楼，近大雁塔）。

购物 又玩又买嗨翻天

位于大慈恩寺东西两侧的东、西步行街两旁有很多特色小店与摊点，出售各种特色旅游纪念品，可以买一些作纪念。步行街通过"百姓祝寿""皮影大戏""悬壶济世""街头胡乐""角力争雄"等一系列雕塑小品，把唐朝百姓的日常生活描绘得活灵活现，这些雕塑小品人物细腻逼真，反映出唐朝民众真实的生活场景，体现了盛唐时代社会的繁荣、富强。

娱乐 城市魅力深体验

雁塔庙会：农历新年期间，大雁塔广场会举行庙会，庙会上的表演有着浓浓的年味，有关中皮影、木偶戏等演出，届时热闹非凡。

陕西历史博物馆

中国古代文明史的浓缩

微印象

@上海的一只猫 虽然排队排了很久，但是里面的展品很珍贵，很多都是历史课本上的东西，租了讲解器，很喜欢。

@爱死你 西安不愧是历史名城，博物馆超大，免费的，不过要提前去换票。一般会排队，节假日会排长长的队。

@荷花仙子 博物馆里面很大，很气派，很有年代感，可以从中看到伟人的聪明才智。此外，这里服务也很好。

门票和开放时间

门票：免费，部分特展收费。

开放时间：周一不开放；3月15日至11月14日8:30~18:00；11月15日至次年3月14日9:00~17:30；元旦、春节9:00~17:30；清明节、劳动节、端午节、中秋节、国庆节8:30~18:00。

进入景区交通

位置：西安市雁塔区小寨东路91号，大雁塔西北侧。

地铁：乘地铁2号线、3号线在小寨站下，向东步行10分钟可到。

景点星级

人文★★★★★　特色★★★★★　休闲★★★　美丽★★　浪漫★★　刺激★

俗话说"江南才子山东将、陕西的土地埋皇上"。中国历史上最为辉煌的周、秦、汉、唐等十三个王朝曾在西安建都，留下了丰富的文化遗产，深厚的文化积淀，形成了陕西独特的历史文化风貌。举世闻名的陕西历史博物馆则是展示陕西历史文化和中国古代文明的艺术殿堂。

陕西历史博物馆向世人展示了古代中国盛世时期的灿烂文明。馆舍由一组"中央殿堂、四隅崇楼"的仿唐风格建筑群组成，馆内藏有包括商周时期的青铜器、历代的陶俑、汉唐的金银器具和唐墓壁画等在内的珍品文物，而且大多为汉、唐盛世时期的文物，琳琅满目、精品荟萃。

小贴士

陕西历史博物馆的开放实行"免费不免票"。具体情况如下：

1.可登录陕西历史博物馆官网或关注微信公众号"陕西历史博物馆"，凭本人二代身份证，按照提示进行门票预约。

2.预约门票时，请注意预约参观日期和时间段，请在参观时间段内现场取票进馆，提前或超时都无法取票进馆。预约门票仅在预约参观当日有效，过期作废。

3.需预约次日门票，每个证件每日预约免费参观门票限定1张（可携带1名6岁以下或1.4米以下儿童参观）。

4.部分特展为收费参观项目，《唐代壁画珍品馆》成人票270元、学生票130元，《大唐遗宝——何家村窖藏出土文物展》30元。

点赞 👍 @海贼王 很不错的博物馆，要想了解全面的陕西历史，就一定要去陕西历史博物馆。能听到很多有趣的故事，也能同时了解到人文地理，丰富自己的知识。我去过很多次，每次感受都不同。每去一次，都会感叹我们的祖先是多么伟大；每去一次，都会增长知识。

① 常设展览

陕西历史博物馆的第一、二、三展厅是常设展览展厅，展示基本陈列"陕西古代文明"。其规模宏大，气势磅礴，共七个单元，按照时间远近分别为"人猿揖别""凤鸣岐山""东方帝国""大汉雄风""冲突融合""盛唐气象""告别帝都"，集中展示了陕西古代文明孕育、产生、发展的过程及其对中华文明的奉献。

❷ 唐墓壁画珍品展

唐墓壁画是陕西历史博物馆独具特色的珍贵藏品，共有 20 多座唐墓的壁画精品近 600 幅，达 1000 多平方米，其中很多都是国宝级的精品。唐墓壁画以风格独特的建筑、简约传神的人物、特色鲜明的器物、简洁明快的山水与栩栩如生的动植物，描绘了当时的礼仪规范、生活习俗、服饰特色、娱乐方式与建筑风格，是研究唐代社会生活尤其是贵族生活和精神追求的重要形象资料。

点赞 👍 @一生为你 今天终于把壁画展给看了，出猎图、马球图都特别好，摆的陶俑高仿画也很切题，记得这幅壁画曾在中学历史书上见过，现在见到真品了，还有些兴奋呢。

攻略

展厅内配套有高清数字影院，制作了影片《大唐记忆》；配置了触摸查询系统、自动讲解等功能，帮助观众了解展出壁画。

❸ 大唐遗宝专题展

大唐遗宝专题展主要展示的是 1970 年发现的震惊世界的西安郊区何家村遗宝，共有文物 1000 多件，其中最有价值的就是金银器。数量众多的钱币，种类达 39 种之多，还有一套完整的药具和多种药物，这些药物在唐代均属名贵药物。

这批稀世珍宝充满了浓郁的唐代生活气息，把千年以前古人的生活状态生动地展示在我们面前，透过这些精美绝伦的文物，我们仿佛穿越时空，回到了那璀璨的遥远年代。

延伸 临潼博物馆

临潼博物馆位于临潼区华清池东侧，是一座以陈列出土文物为主的地方性博物馆。馆内设有周秦艺术室、唐代佛教艺术室、汉唐艺术室三个陈列室和一个碑廊，收藏自新石器时代至明清时代文物共1万余件，包括大量的珍贵文物，其中有最早的西周青铜器、唯一记载武王伐纣的遗物，有从唐庆山寺遗址出土的金棺银椁、释迦如来舍利宝帐（属于极为珍贵的佛教文物）。

👪 亲子研学

何家村遗宝

何家村遗宝的发现震惊了全世界，所出土的文物中规格之高、数量之多、种类之全都是以前考古中前所未见的，很多文物系第一次发现，填补了很多文物界的空白。

何家村出土的钱币中既有唐土流行的开元通宝，又有西域高昌国的高昌吉利、日本元明天皇铸造的和同开珎，还有波斯的萨珊王朝银币、东罗马金币等，时代跨度达千余年，涉及面东至日本海、西至地中海，幅员数千千米。这在钱币史上还是第一次，是钱币收藏史上一次空前的大发现。

何家村出土的银铤、银饼、银板上面的文字涉及年号、地区、赋役种类等，全面反映出唐代的经济制度。22枚银饼中，有4枚庸调银饼，这是庸调银实物的首次发现。这批珍宝中，还有一套完整的药具和多种药物，这些药物在唐代均属名贵药物，其中仅朱砂一项，就有7种规格。这是迄今为止唐代药具及药物最系统、最完整的一次发现，也是中国古代医药史上的一次大发现。

陕西历史博物馆示意图

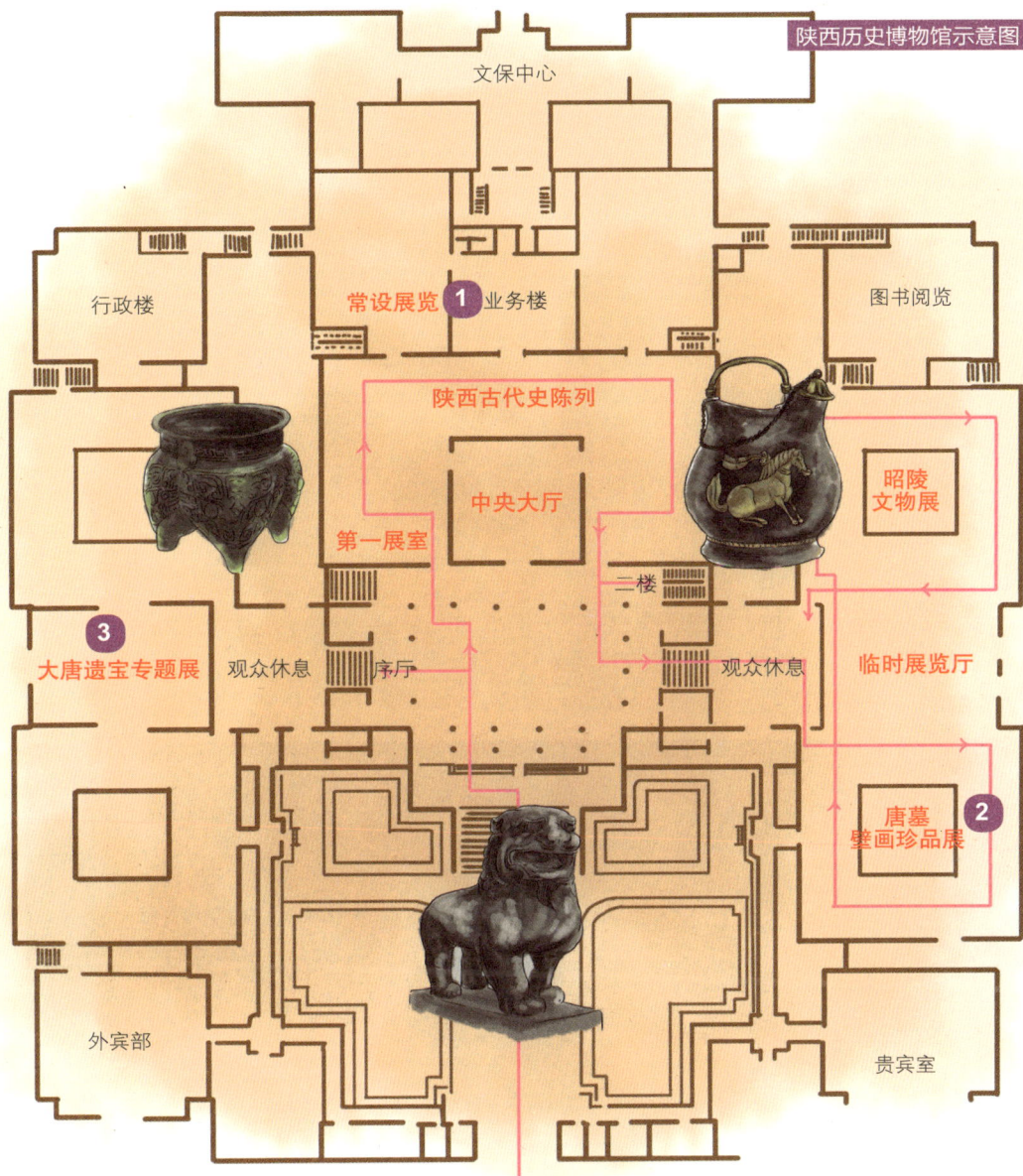

文保中心

常设展览 **1** 业务楼

行政楼

图书阅览

陕西古代史陈列

中央大厅

昭陵
文物展

第一展室

二楼

3

大唐遗宝专题展

观众休息

序厅

观众休息

临时展览厅

外宾部

唐墓
壁画珍品展 **2**

贵宾室

攻略

购物 又玩又买嗨翻天

博物馆商店内有复制仿品，如仿唐狩猎纹高足银杯、仿唐舞马衔杯纹银壶、仿唐三彩俑、仿唐粉彩俑、仿唐飞廉纹六曲银盘、仿唐鸳鸯莲瓣纹金碗出售。另外，还有与陕西历史有关的各类图书和纪念品，如有兴趣的话可以带一些回去。

小贴士

展厅内禁止使用闪光灯拍照，饮食、喧哗、嬉闹等；参观者要爱护文物展品、展览设施和其他公共服务设施及花草树木、绿地等，如有损坏照价赔偿，并承担相应法律责任。

链接 西安的非典型博物馆

非物质文化遗产博物馆

藏在西安群众艺术馆里,这里展出的秦腔唱本、刺绣床帐、剪纸、窗花等都来自陕西民间。墙上的图文资料五花八门,包括从米皮和泡馍的制作技艺到正骨药配方,也介绍了传承这些非物质文化遗产的继承人。

西安交通大学博物馆

这里的秦腔展厅内展出乐器、行头和戏文资料;西部农民画展厅有形象有趣的农民画,一定能让你眼前一亮;历代文物展里的秦汉时期印章,很值得一看。

秦砖汉瓦博物馆

位于杜陵遗址公园内,收藏了西周至明清的瓦当和古砖共3000余块。汉武帝延寿宫用瓦——"天人合一"瓦当,是镇馆之宝,各种画像砖、邢图砖和浮雕砖也很有趣。

曲江艺术博物馆

基本展厅中的"色挂形象穷神变——中国古代壁画源流展"是这家博物馆的精华,有88件壁画精品,镇馆之宝是有2700年历史的秦国金铠甲。

西安博物院

关中八景之一 "雁塔晨钟"

微印象

@爱的爱 参观完大雁塔，实在觉得应该去看看小雁塔。先在西安博物馆看了小雁塔的历史变迁，参观的时候结合历史可更好地了解小雁塔，在园内撞击了祈福鼓，特别开心。

@山的那边是什么 喜欢进来散心。已经来过很多次，人很少，很喜欢。里面有个西安博物院，也可以看看。

@茉莉花 小雁塔现在免费了，去的人慢慢多了。小雁塔的塔顶残缺，远远就能看到。景区内有种古朴幽静的感觉，让人觉得时间仿佛凝固了。

门票和开放时间

门票：免费（凭身份证领票，每天限3000张），登小雁塔提前一天预约免费，否则需另交30元。

开放时间：3月15日至10月31日9:00~18:00，11月1日至次年3月14日9:00~17:30 。每周二（国家法定节假日除外）及除夕闭馆。

进入景区交通

位置：西安市雁塔区友谊西路72号。

交通：地铁2号线、5号线在南稍门站下。

景点星级

人文 ★★★★★　　特色 ★★★★★　　休闲 ★★★★　　美丽 ★★★　　浪漫 ★★　　刺激 ★

西安博物院以小雁塔为中心，由博物馆区、唐小雁塔荐福寺历史名胜区、园林游览区三部分组成。院内收藏了西安地区各时代的文物13万件，其中有国家三级以上珍贵文物14400件，并有相当一部分文物出土于周、秦、汉、唐等朝代。

通过院内的主题陈列"古都西安"，能了解到西安千年的建都历史和都城发展史。院内还有从周至清各个朝代西安城的城郭模型，能够看出历代都城的规模、布局和当时的生活状况。

1 小雁塔

小雁塔是一座典型的密檐式佛塔，与大雁塔一道成为唐代古都长安保留至今的两处重要标志，"雁塔晨钟"也是清代关中八景之一。小雁塔与大雁塔东西相向，因规模小于大雁塔，故称小雁塔。小雁塔环境清幽，与雄伟庄严的大雁塔风格迥异，是唐代精美的佛教建筑艺术遗产，在古城中别有一番韵味。

小雁塔建于唐景龙年间（707年），为了安置印度取经归来的高僧义净翻译佛经而建。小雁塔内部为空筒式结构，设有木构式的楼层，有木梯盘旋而上可达塔顶，游人由此登上塔顶可以饱览古城西安风光。小雁塔全部轮廓呈现出舒畅的锥形形状，造型优美，比例均匀。

点赞 👍 @奋斗小青年　西安的大小雁塔的名气想必大家都是知道的，跟大雁塔那边的繁华相比，小雁塔这边就是很安静的感觉。我个人更喜欢小雁塔。虽然它的建筑有点残缺，但正是这份残缺让我觉得它更真实！

解说

小雁塔是密檐式方形砖构建筑，初建时为15层，高约46米，塔基边长约11米，塔身每层叠涩出檐，南北面各辟一门；塔身从下往上逐层内收，形成秀丽舒畅的外轮廓线；塔的门框用青石砌成，门楣上用线刻法雕刻出供养天人图和蔓草花纹的图案，雕刻极其精美，反映了初唐时期的艺术风格。

2 荐福寺

荐福寺创建于唐代，初名献福寺，为唐文明元年（684年）睿宗李旦为其父高宗死后献福而建，武则天天授元年（690年）改名为荐福寺，有佛殿、佛塔、金像、壁画等文物。唐中宗于复位的景龙年间（707—709年）在荐福寺所在的开化坊之南的安仁坊浮图院中修造了15层的佛塔，即为小雁塔。今寺内还保存有一口重达一万多公斤的金代明昌三年（1192年）铸造的巨大铁钟，在清代，每天清晨这里会敲钟，这就是著名的"雁塔晨钟"。如今每年的元旦，这里还会举办敲钟祈福的活动。

荐福寺是唐代重要佛经翻译场所之一，塔为密檐式砖结构，四壁不设柱额，塔檐用砖叠涩而出。檐下有两层菱角牙子。塔体每层南北两面各辟券门洞一个。一层塔体南北各有一塔门，门框用青石条砌成，石门楣上有精美的蔓草图案和供养天人线刻画。寺内庭院肃穆雅静，殿堂屋宇宏伟壮观，夹道古槐、古

楸，树龄皆在 300 年左右，为西安著名游
览区之一。

👍 **点赞** @十八岁的天空 荐福寺虽然名气没有大慈恩寺响亮，但是我真心更喜欢它。相比大雁塔，这里少了份喧嚣，多了份安宁，还不用门票。不像一般的寺院，这里更像个遗址公园，小道、落叶、石雕、钟鸣一应俱全。

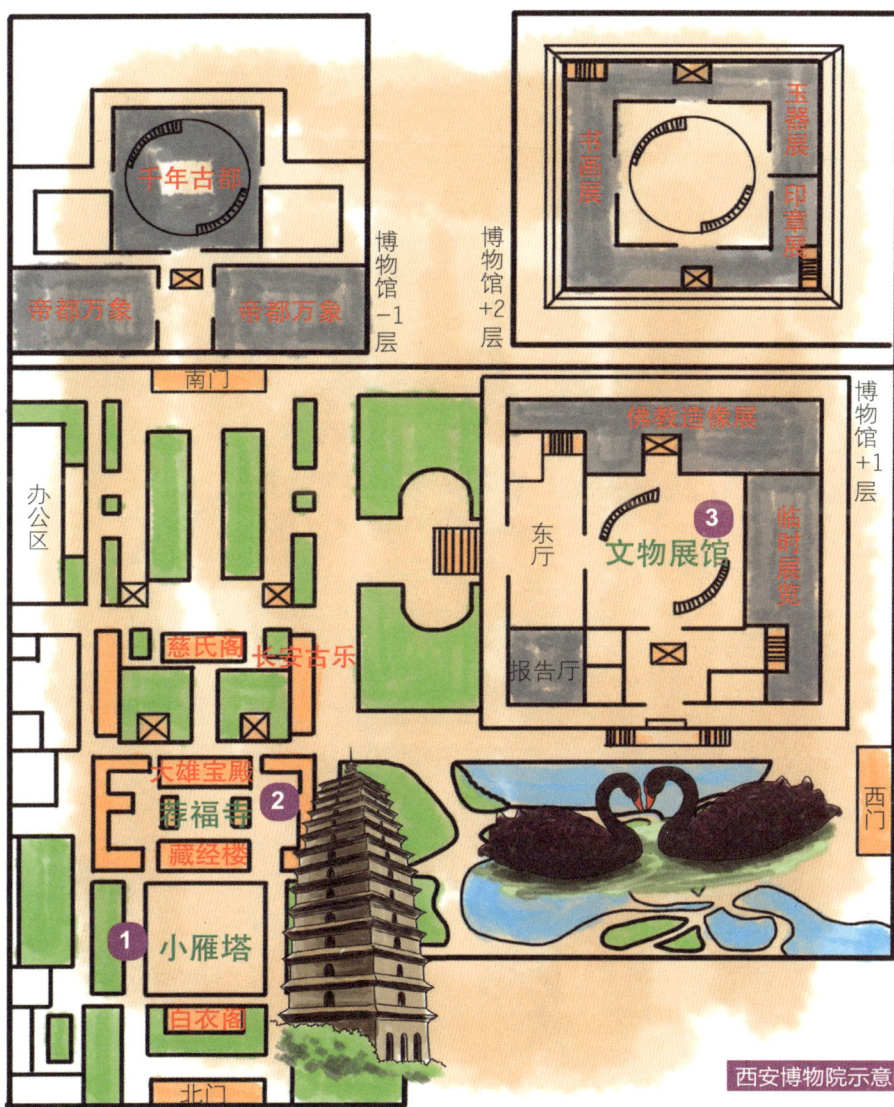

博物馆-1层

千年古都

帝都万象　帝都万象

南门

博物馆+2层

书画展　玉器展　印章展

办公区

慈氏阁　长安古乐

大雄宝殿

荐福寺 ❷

藏经楼

❶ 小雁塔

白衣阁

北门

佛教造像展

博物馆+1层

东厅　文物展馆 ❸　临时展览

报告厅

西门

西安博物院示意图

❸ 文物展馆

　　文物展馆展出各类精品文物 2000 余件，展示的内容由基本陈列、专题陈列、临时陈列三部分组成。基本陈列以"古都西安"为主题，以西安十三朝古都、一千多年建筑都史为主线，突出反映了西安的都城发展史。专题陈列设有以"宝相庄严"为题的佛教造像艺术陈列、以"三真六草、镂月裁云"为题的古代书画陈列、以"天地之灵"为题的古代玉器精品陈列登等；临时陈列举办过"长安有故里——丝路少年大唐行"、"甲辰龙年——生肖文物图片大联展"等展览。

西安博物院模拟图

延伸　小雁塔大庙会

　　"雁塔祈福"是小雁塔春节庙会独有的活动，除此之外还有大型灯展、文化展演及特色美食等，秦腔联唱、民间绝活等一系列传统文化将会在庙会上同时亮相。小雁塔荐福大庙会虽不及北京龙潭、地坛庙会那么规模宏大，也不如四川自贡灯会、广州花市那么专一，但却极具汉唐文化底蕴与三秦地方特色。

　　历史文献中记载小雁塔曾历经6次地震不倒塌，反而自然复合起来，被视为一件奇事。因此，在后来的历史中，越来越多的人每逢新年庙会和时令节日都到小雁塔（荐福寺）祈福，祈盼自己和家人朋友在新的一年中能够身体安康、事事如意。

　　1.祈福纳祥是中国农历新年的特色。其中包括了祈福墙题字、放祈福灯、挂祈福结等一系列活动，希望让这一昔日的皇家献福寺院，变成今朝老百姓祈福之所。

　　2.花灯展作为节庆期间重要的气氛渲染方式是不可或缺的，多样的形式、斑斓的色彩给节日增添了浪漫的氛围。小雁塔庙会灯展围绕陕西传统节庆气氛设置不同的主题展区，通过传统彩灯与现代氛围灯、高科技多媒体等形式，让游客在浓浓的"年"文化中体验历史内涵。

　　3.小雁塔荐福大庙会每天有近30场、交叉持续22个多小时的演出奉献给大家。其中传统文化展演包括秦腔、陕北说书、北京快板、京剧、民乐演奏、社火、中华武术，还有马戏团表演。

　　4.围绕民生民俗，顺应时代潮流，利用历史资源，举办各种专题院藏精品陈列、陕西民俗民风影展、民间工艺美术作品展等。

大唐芙蓉园

再现盛唐风貌的大型皇家园林

微印象

@上海的一只猫 外面看起来很漂亮，复原了唐代那种壮观的景观。去完大雁塔以后可以顺便去一下，每天18:00以后是半价！这里夜景也很漂亮！

@人约黄昏后 很漂亮，很不错的一个地方，欢迎来玩，物超所值。

@就爱做梦 真的是很好的地方，每个景点都是拍照留念的好地方。晚上的水幕电影表演尤为给力。在现在节奏很快的生活里，这里是放松身心的好去处。

门票和开放时间

门票：120元，主题演出《梦回大唐》150元（含入园）。

开放时间：9:00~21:00，《梦回大唐》演出时间为15:00、17:00（提前半小时检票）。

进入景区交通

地址：西安市芙蓉西路99号。

地铁：乘坐地铁4号线在大唐芙蓉园站下车。

景点星级

人文★★★★ 特色★★★★★ 休闲★★★★★ 美丽★★★★ 浪漫★★★★ 刺激★★

大唐芙蓉园位于古都西安大雁塔东南侧，是中国第一个全方位展示盛唐风貌的大型皇家园林式文化主题公园。早在唐朝，芙蓉园就是久负盛名的皇家御苑。如今的大唐芙蓉园建于原唐代芙蓉园遗址上，以"走进历史、感受人文、体验生活"为背景，展示了大唐盛世的灿烂文明。

大唐芙蓉园以芙蓉湖为地理中心，紫云楼、陆羽茶社、凤鸣九天剧院等众多景点，环绕分布在湖的四周。园区各景点每天上演各种精彩节目，包括祈天鼓舞、"教坊乐舞"宫廷演出、"艳影霓裳"服饰表演、少林武术表演、舞狮、高跷、杂技等。园中的夜景，也是极具璀璨色彩。每当夜幕降临，华灯初上时，游历于灯火辉煌中的唐文化长廊、芳林苑、紫云楼等地，处处灿烂夺目，在月色和灯光的映衬下，大唐芙蓉园更显高雅之美。

点赞

👍 @哗啦的流水 这里有优美的环境，又有悠久的历史气息，是旅游散心的好地方，不过里面的东西比较贵。

👍 @光阴似箭 首先好想夸下这里的水幕动画，很赞；其次就是建筑，设计得很漂亮，风景很美，宣传得也好，但是个人真心觉得门票略贵。

大唐芙蓉园模拟图

❶ 帝王文化区

帝王文化区以全园标志性建筑——紫云楼为代表，展示了"形神升腾紫云景，天下臣服帝王心"的唐代帝王风范。历史上的紫云楼，据载建于唐开元十四年（726年），每逢曲江大会，唐明皇必登临此楼，欣赏歌舞，赐宴群臣，与民同乐。

解说

紫云楼主楼共计四层，每层都以不同的角度、不同的载体展示了盛唐帝王文化。一层由反映贞观之治的雕塑、壁画和大型唐长安城复原模型、国家一级唐文物展等组成；二层为唐明皇赐宴群臣，八方来朝、万邦来拜大型彩塑群雕；紫云楼是园区内一个重要的景点表演区，三层的多功能表演厅为您上演宫廷演出"教坊乐舞"；四层设有如意铜塔投掷游戏。

❷ 饮食文化区

"唐风食府悦客来，道逢佳肴口流涎。依水品花饮美酒，逍遥自在随意间。"位于园区西门北侧的御宴宫，是展示唐代饮食文化的中心，集美食、美器、美酒、美乐为一体的大型主题餐饮区。

链接

饮食文化区内设有以唐文化为包装、聚会文化为特色的体验式大型餐饮宴席园和顶级的皇家御宴、中高档的团体宴、商务宴。还为游人提供了以自助餐为主要形式的就餐场所，在这里可全方位满足您的就餐需求。

❸ 女性文化区

女性文化区以芙蓉池北岸的仕女馆及彩霞亭为代表，展示了唐代女性"巾帼风采，敢与男子争天下；柔情三千，横贯古今流芳名"的精神风貌。仕女馆是由以望春阁为中心的仿唐建筑群组成，分别从服饰、体育、参政、爱情等方面全面展示了唐代女性积极向上、乐观自信的精神风貌。

链接

　　女性文化区内总长度近300米的彩霞亭，由北向东依水延伸，时而和湖畔相接，时而宁立湖水之中，如一抹彩霞，是展示唐代女性传奇故事、反映唐代女性生活百态的文化故事长廊。

④ 品茶文化区

　　位于园区茶文化区内的"陆羽茶社"，以唐代"茶圣"陆羽之名命名，彰显唐代茶文化主题，是一个由帝王茶艺、文人茶艺、世俗茶艺、茶艺表演组成的综合性高档茶艺会所。在这里，游客不仅可以品尝到香茗，还可以欣赏到茶艺表演。

⑤ 诗歌文化区

　　唐诗是我国古典诗歌的瑰宝，也是世界文化遗产的明珠。以诗魂及唐诗峡为代表组成的诗歌文化区，不仅用雕塑的形式展示了唐代诗歌文化，同时也是运用中国园林造景、中国雕塑、中国书法、中国印章刻字、图形纹样等多种传统艺术手法塑造出的大型景观艺术雕塑区。

大唐芙蓉园示意图

⑥ 外交文化区

外交文化区展现盛唐时期各国使节的频繁往来，及民间"商贾云集、内外通融"的商业文化氛围，让人切身感受到盛唐时期世界诸国与唐帝国往来的开明盛世。位于区内的曲江胡店，三面环水，是往来船只的停靠港口，亦是水上游客休闲娱乐的最佳处。

链接 大唐芙蓉园之最

大唐芙蓉园创下多项纪录——有全球最大的水景表演、首个"五感"（即视觉、听觉、嗅觉、触觉、味觉）主题公园、全球最大的户外香化工程、全国最大的仿唐皇家建筑群。

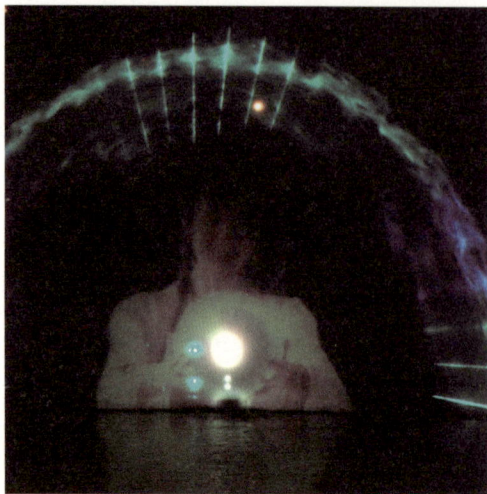

攻 略

娱乐 城市魅力深体验

民俗文化： 园区的南面设有民俗文化区，由唐集市和戏楼广场组成，街内有手工艺、民艺、百戏、饮食、茶、酒文化、美术、书法等特色项目，唐市内还有众多民间特色演出，这些都将带着游人们一起梦回大唐的繁华街市。

诗乐舞剧： 园内每天都会上演大型诗乐舞剧《梦回大唐》，演出共分六幕，分别是"梦幻霓裳""梦邀秦王""梦浴华清""梦萦西域""梦游曲江""梦回大唐"。

水幕电影： 这里的水幕电影是全球最大的水幕电影，水幕幅宽120米、高20米，是集水幕电影、音乐喷泉、激光、水雷、水雾、焰火、3D为一体的世界级水体景观。电影结束后还有火龙钢花表演，"天下第一龙"在火海中遨游，让游人的心也随之飞舞。

其他演出： 园区内各景点每天还会上演其他各种精彩节目，包括世界非物质文化遗产《东仓鼓乐》、"教坊乐舞"宫廷演出、"艳影霓裳"服饰表演、少林武术表演、舞狮、高跷、杂技等，每逢节假日还有各种应景主题活动。

大唐芙蓉园秋季全园演出时间表			
项目名称	演出开始时间	时长	演出地点
盛唐迎宾·迎宾演出表演	18:25	4分钟	御苑门区域
迎宾演出表演《紫云盛典》	16:30、17:30	4分钟	紫云楼北广场
巡游表演《寻梦大唐》	18:30	20分钟	御苑门内广场—银桥飞瀑—元功门—紫云楼北广场

续表

项目名称	演出开始时间	时长	演出地点
情景舞蹈表演《明镜照佳人》	16:40、17:40	9分钟	仕女馆月光镜台
情景式舞蹈表演《凌波曼韵》	16:20、17:20、19:20	5分钟	百月龙泳区域
东仓鼓乐非遗传承曲目展演	14:00、16:00、17:00	10分钟	胡店舞台
互动表演秀和乐舞表演《丝路乐舞》	17:30、19:30、20:30	16分钟	胡店骆驼舞台
狮舞表演《五方狮子》	17:15、18:15、19:15、20:15	7分钟	胡店章亭序舞台
戏剧舞蹈表演《茶神记》	17:50、19:55、20:55	12分钟	丽人行观景台
情景舞蹈表演《起舞丽人行》	17:30、19:30、20:25	7分钟	丽人行雕塑
音乐喷泉表演	12:35、13:35、14:35、 15:35、16:35、17:35、18:50	6分钟	紫云楼北广场
长安国乐季	19:40	70分钟	仕女馆内广场

住宿 驴友力荐的住宿地

芳林苑酒店位于芙蓉园东翼，芙蓉湖畔。酒店以唐文化为特色，44间风景客房均充满了盛唐文化的气息，店内各种设施齐全，有SPA水疗按摩场所、棋牌室、专业健身房、大唐吧、户外烧烤和原汁原味的"唐菜系"餐厅等，是一座仿唐式皇家超五星级精品酒店。

行程推荐 智慧旅行赛导游

浪漫之旅：西大门—儿童游乐区—陆羽茶社（品茗、欣赏茶艺表演）—杏园—竹里馆（休闲小憩）—仕女馆—彩霞亭（漫步）—曲江胡店—唐市—凤鸣九天剧院（观看主题演出《梦回大唐》）—御宴宫（品御宴）—紫云楼（观看水景表演及水幕电影）—银桥飞瀑—西大门。

文化之旅：西大门—儿童游乐区—陆羽茶社（品茗、欣赏茶艺表演）—杏园—旗亭—仕女馆—彩霞亭—曲江胡店—诗魂、唐诗峡—茱萸台—唐市—凤鸣九天剧院（观看主题演出《梦回大唐》）—曲江流饮—御宴宫（品御宴）—紫云楼（观看水景表演及水幕电影）—银桥飞瀑—西大门。

休闲之旅：西大门—银桥飞瀑—紫云楼—曲江流饮—唐市—茱萸台—诗魂、唐诗峡—曲江胡店—芳林苑—彩霞亭—仕女馆—旗亭—杏园（品茶、休息）—陆羽茶社—儿童游乐区—西大门。

大唐不夜城

大唐雕塑步行街

微印象

@听雪的声音 大唐不夜城是一条中央雕像景观步行街，每一个雕像都是一个故事，夜景也不错。

@Libra 沿着大唐不夜城一路走着，白天的大唐不夜城褪去了夜间的繁华喧闹，走在林荫道上，可欣赏静静的流水和充满历史韵味的塑像。

@玉中离 里面有各种人物雕塑作品，都是大唐全盛时期的杰出人物。走到尽头，便是站立的玄宗像，如果对唐代的历史有了解，便会懂得其中的深意。

门票和开放时间

门票：免费。开放时间：全天开放。

最佳旅游时间

四季皆宜，但大唐不夜城非常适合晚上去，华灯初上，绚丽迷离，仿佛穿越到大唐帝国的华美中，来这里散步很舒适。

进入景区交通

位置：西安市大雁塔南广场以南至唐城墙遗址公园。

地铁：乘坐地铁3号线、4号线在大雁塔站下车，步行即到。

景点星级

人文★★★★★　　特色★★★★★　　休闲★★★★★　　美丽★★★　　浪漫★★　　刺激★

1 贞观文化广场

贞观文化广场是大唐不夜城的核心部分，由西安大剧院、西安音乐厅、曲江美术馆和曲江太平洋影城四组文化艺术性建筑组成，采用中国建筑最高营造法式，传达出一种气势磅礴的大唐气势，四大文化场馆与 1500 米长的景观步行街一脉相承，典雅高贵的交响音乐、金碧辉煌的演出大厅、美轮美奂的内部装饰，营造出盛世艺术的殿堂，成为西部文化艺术的集散地。

2 开元广场

开元广场是大唐不夜城中轴线的景观精华，广场上的"开元盛世"主题雕塑总高 12.95 米，最高一层基座上是 4.59 米高的唐玄宗李隆基雕塑，4.59 米取意为九五之尊，李隆基站立在巨大的圆形龙壁前，帝王风范尽显。

广场上八根朱红 LED 蟠龙柱高 20 米，东西两侧各有四柱，取意为四方、四极、四周、四海，与八数相合，意为四面八方、四通八达，完美地诠释了大唐不夜城的建筑美学，使得开元广场成为一个露天宫殿，每位置身其中的游客都仿佛回到鼎盛王朝。

点赞 👍 @梦晓尼罗河 特意来此的人不是很多，大部分人都是同我一样，在大雁塔北广场看完音乐喷泉，闲逛而走到了这里。沿着街道直走，最引人注目的就是位于街道中央的群雕，多是唐朝著名的人物。尤其是华灯初上时，雕塑更是在灯光的照射下，显得恢宏大气。

中央雕塑景观步行街上有一系列唐代人物雕塑，气势恢宏的仿唐建筑，浓郁的唐代风貌，重现了大唐帝国的辉煌盛世。

③ 中央雕塑景观街

中央雕塑景观街是一条长 1500 米、横贯不夜城南北的中轴景观大道，其上分布着盛世帝王、历史人物、英雄故事、经典艺术作品等九组主题群雕。

贞观纪念碑是不夜城的地标性雕塑，由李世民骑马像及周围的附属雕塑组成。李世民位于中间，意气风发，威武端跨高头大马之上，手抖缰绳欲策马前行；四周号手、旗手紧密相随；碑体正面雕刻"贞观之治"四字，背面为贞观政要名录数百字。

万国来朝雕塑：经过贞观之治、开元盛世，大唐王朝成为当时世界上最为强盛的国家，成为世界各国普遍向往的东方乐土，都城长安更是众望所归的胜地。唐朝文化远播东西，中华文明影响世界。万国来朝雕塑表现的就是大唐王朝四海诚服、万国来朝的盛世景象。

武后行从雕塑：中间被拥簇的是中国历史上唯一的一位女皇——武则天。该组雕塑以唐代仕女画家张萱的《皇后行从图》为蓝图，连接在贞观广场和开元广场之间，上承贞观之兴，下启开元之盛，完整地展示了大唐盛世气象。

点赞 👍 @一览清欢 古老和现代在西安处处交错，薄瓦青皮的老屋旁，耸立着浑身蓝玻璃的楼盘，钟楼暮鼓犹在，古老的城墙尚存，那护城河水依然泛着汉唐的清波；夜幕将至之际，是西安古城墙最为迷人的时刻。深蓝泛黑的天空下，城垛上点亮一长串红灯笼，远远望去分外壮观。

攻略

娱乐 城市魅力深体验

不夜城内的西安音乐厅是一个具有国际顶级水准的独立式场馆，由可容纳1300名观众的大型交响音乐厅及两个小型室内音乐厅、流行音乐厅构成。音乐厅内国内外大型音乐盛会和音乐赛事络绎不绝，可让人们领略世界顶级艺术。

大兴善寺

佛教文化交流的"见证者"

微印象

@漫漫长征路 香火很旺的一家寺院，旁边是兴善寺院医院，往里走有卖香烛的。后面有一道场，气场相当强。

@一生为你 在国庆假期哪里都人满为患的时候，寻得了这么个清净之所。寺庙勤于修缮，供奉的神佛和庭院的花草浑然一体，香烛气与桂花香缠绕一起，让心情平静愉悦。

门票和开放时间
门票：免费。
开放时间：8:00~17:00。

进入景区交通
位置：西安市雁塔区兴善寺西街55号。
地铁：可以乘坐地铁2号线、3号线在小寨站下。

景点星级
人文★★★★★　特色★★★★★　休闲★★★★　美丽★★★　浪漫★★　刺激★

大兴善寺在小寨商圈的兴善寺西街，始建于西晋，距今有1600多年，始称"遵善寺"，是西安现存历史最悠久的佛寺之一。隋文帝时在遵善寺的基础上进行扩建，因寺院在都城大兴城的靖善坊中，故易名"大兴善寺"。在繁华而喧闹的古都西安，大兴善寺古柏森森，遮天蔽日，给人以无限的幽雅与肃穆。

隋唐时代，长安佛教盛行，由印度来长安传教及留学的僧侣，曾在寺内翻译佛经和传授密宗。隋文帝杨坚开皇年间，印度僧人那连提黎耶舍等人曾先后来到长安，住寺内共翻译佛经59部278卷。唐玄宗开元四年至八年（716—720年），号"开元三大士"的印度僧人善无畏、金刚智和不空到此传授佛教密宗，大兴善寺因此成为当时长安翻译佛经的三大译场之一，成为中国佛教密宗的发源地，也是中印文化交流史上一个值得纪念的地方。

> **点赞** 👍 @晚风荷叶 在熙熙攘攘的闹市之中得见此处一片安静之地，于暮鼓声中遥望大殿合十礼佛，来到这里仿佛外面的喧嚣已离己而去，在蜡烛火光之中，禅香萦绕之下只觉心中只余宁静。黄昏时去的，僧人们正在做晚课，伴随着钟磬、木鱼之声，耳边传来诵经之声，仿若穿越了千年时光回到了过去，久久不想离去。

① 弥勒殿（天王殿）

天王殿是山门后南北中轴线上的第一重殿宇，内部正面供奉有大肚弥勒佛，为明代托纱金装。匾额为赵朴初题写。寺中所供奉的笑口常开的弥勒像为五代时的契此和尚，传说为弥勒化身，后人塑像供奉。

东西两侧塑有四大天王像。南方增长天王，身青色，持剑，职风；东方持国天王，身白色，抱琵琶，职调；北方多闻天王，身绿色，执伞，职雨；西方广目天王，身红色，握蛇，职顺。

在弥勒菩萨造像后方则为佛教寺院的守护神韦驮尊天菩萨，现存造像为明代木雕，是二十诸天中地位最显赫的天神之一，其形象如同中国古代的将军，戴头盔，穿金甲，手执法器金刚杵，威风凛凛。

链接　韦驮菩萨姿势的秘密

韦驮菩萨的姿势通常有两种：一种是双手合十，横杵于腕上，笔挺直立；另一种是左手握杵拄地，右手叉腰，左脚略向前立。前者表示该寺庙为十方丛林接待寺，后者则是表示该寺不接待寄宿僧人。

❷ 大雄宝殿

大雄宝殿是大兴善寺的主体建筑，位于寺院第二进内院沿中轴线，建筑规模很大，气势恢宏。大雄宝殿内供奉着庄严殊胜的五方佛：中央毗卢遮那佛（大日如来）、东方阿閦佛（不动如来）、南方宝生佛、西方阿弥陀佛、北方不空成就佛。

大殿两侧有新修的《一切如来心秘密全身舍利宝箧印陀罗尼经》等经幢，青石雕刻，精致庄严。大殿东西两侧分别有地藏殿，内供地藏菩萨，以及幽冥世界群雕，形象逼真精妙，宛如身临其境。

❸ 钟、鼓楼

同西安城著名的钟、鼓楼一样，这里也有钟、鼓楼。钟、鼓楼位于天王殿两侧，是大兴善寺仅存的古建筑，现为陕西省省级文物保护单位。其中鼓楼内有寺僧监制的直径1.5米大鼓，是寺内珍藏的珍贵文物，同时也是大兴善寺悠久历史的见证。

❹ 普贤殿

普贤殿供奉装金普贤菩萨佛像一尊，两侧有罗汉造像，普贤殿外围绕密宗特色的转经筒。东面为斋堂、文殊殿（内供奉文殊菩萨装金造像和罗汉像）。后面庭院中央有地藏菩萨青铜塑像一尊，汉白玉台上站立着慈祥、庄严的平安地藏菩萨青铜塑像，这是日本"真言宗空海大师同志会"为体现日本真言宗信徒缅怀祖庭、增进中日友好交往而赠送的。

❺ 观音殿

绕过唐转法轮殿遗址是宏伟轩昂的观音殿，雕梁画栋，飞檐凌空，古朴中透出华丽，殿前月台宽阔，方砖铺地，有雕刻精美的青石护栏。殿内正中莲台上供奉着香樟木雕刻、赤金装饰的千手千眼观音菩萨像。西禅堂壁间的大镜框内装有"开元三大士传略"，是研究大兴善寺的宝贵资料。观音殿外两侧分别有西北地区所能见到的最大的转经筒。

第 **3** 章
长安城
遗址

汉长安城遗址

汉城湖

专题：古长安的变迁

大明宫国家遗址公园

大唐西市

汉长安城遗址

寻找曾经泱泱大汉雄风

微印象　@三月的桃花　从小玩到大的地方，小时候天天被舅妈带着去"半拉山"也就是如今的长安城遗址摘酸枣，如今成了保护文物，可童年的回忆却永远无法抹去。

门票和开放时间

门票：免费。

开放时间：全天开放，长乐宫四号、五号遗址博物馆9:00~16:30开放。

进入景区交通

位置：西安城西北约5千米处未央区石化大道中段。

公交：乘234路或331路公交车在东雁雀门村站下，步行可到。

景点星级

人文★★★★★　特色★★★★　休闲★★★　美丽★★　浪漫★★　刺激★

作为十三朝古都，西安几乎遍地都是中国古代遗迹。汉长安城遗址位于西安市未央区西北方向，面积约36平方千米，这里曾是丝绸之路的东方起点。面积庞大的都城遗址已经是荒地一片，想象不出两千年前作为西汉都城的辉煌，但是广袤无垠的风光还是让人能依稀感受到昔日都城的壮阔气派。

汉长安城遗址是中国历史上第一个国际大都会和当时世界上规模最大的都城。未央宫、长乐宫、建章宫是汉长安城最著名的三大宫殿群。汉长安城的城墙均为版筑土墙，由于城墙是在长乐宫和未央宫建成之后才修建的，为了迁就二宫的位置，城墙的位置和走向随宫就势，形成了城南像南斗星、城北像北斗星的形状，俗称"斗城"。

① 未央宫

未央宫遗址平面近似正方形，在城的西南角，又称"西宫"，是皇帝的朝会之所。宫城四面开宫门，城四隅建角楼。宫内有东西向和南北向干道。宫墙四面有宫门和掖门，北宫门和东宫门外有门阙。诸侯进京朝见从东阙进；士民上书则诣北阙。主体宫殿建筑位于宫城中部偏东，是建于同一台基上的一组高台建筑群。宫城西、南方为汉长安西、南城墙，目前发现有直城门、章城门、西安门三座城门。

据文献记载，未央宫内主要建筑有前殿、宣室、温室、清凉、麒麟、白虎等。前殿是未央宫最重要的主体建筑，其规模最大，居全宫正中，皇帝登基、大典、重要朝会都在此举行，在此发生过许多重大历史事件。现存未央宫前殿台基遗址如一座小土山，南北长 400 米、东西宽 200 米，由三重大殿组成，由南向北逐渐升高，最高处达 15 米，夯土台基总面积达 8 万平方米，是我国现存面积最大、高度最高、保存最完好的汉代夯土建筑遗迹。

亲子研学

西汉皇帝寝宫——未央宫

未央宫又称西宫，刘邦称帝后七年（公元前200年）始建。这里曾是西汉时期皇帝朝寝的皇宫，是汉长安城内最重要的宫殿建筑群，是西汉200余年间的政治中心，也是中国古代规模最大的宫殿建筑群之一，其规划和设计思想对后代宫城和都城的建设规划产生了极为深远的影响。

汉长安城未央宫见证了汉帝国积极寻求对话与交流、促进了丝绸之路开辟的重要历史功绩，还见证了汉长安城在丝绸之路发展历程中，兼具时间与空间上的双重起点价值。

② 长乐宫

长乐宫位于城的东南角，又称"东宫"。汉初皇帝在此视朝，惠帝以后改为太后居处。经过勘察得知宫的平面呈不规则形，周围筑墙，周长 10000 多米，面积 6 平方千米，约占全城面积的1/6。宫内有前殿、临华殿、长信宫、长秋殿、永寿殿、神仙殿、永昌殿和钟室等建筑遗址。

亲子研学

现存遗迹：城内建筑遗迹主要有城墙、未央宫前殿遗址、椒房殿遗址、官署遗址、少府遗址、天禄阁遗址、石渠阁遗址、武库遗址、桂宫鸿宁殿遗址、罗寨遗址、樊寨遗址、讲武殿遗址、楼阁遗址、未央宫夯台遗址等，城西墙外有建章宫，城南有礼制建筑群。

出土文物：汉长安城及城内宫殿遗址曾出土了大量建筑材料、货币、骨签、汉俑、简册、秦汉封泥等珍贵文物，是研究汉代历史的重要实物资料。

街道布局：对于汉长安城内的街道布局，古人有"八街九陌"的说法，详细情况目前还无法复原，但可知街道布局与宫殿的平面布局一样，都不够规整。在长安城北面的横门东西两侧设有九个市进行交易，另外在覆盎门外也设有市，城南还有专门交易书籍的"槐市"。

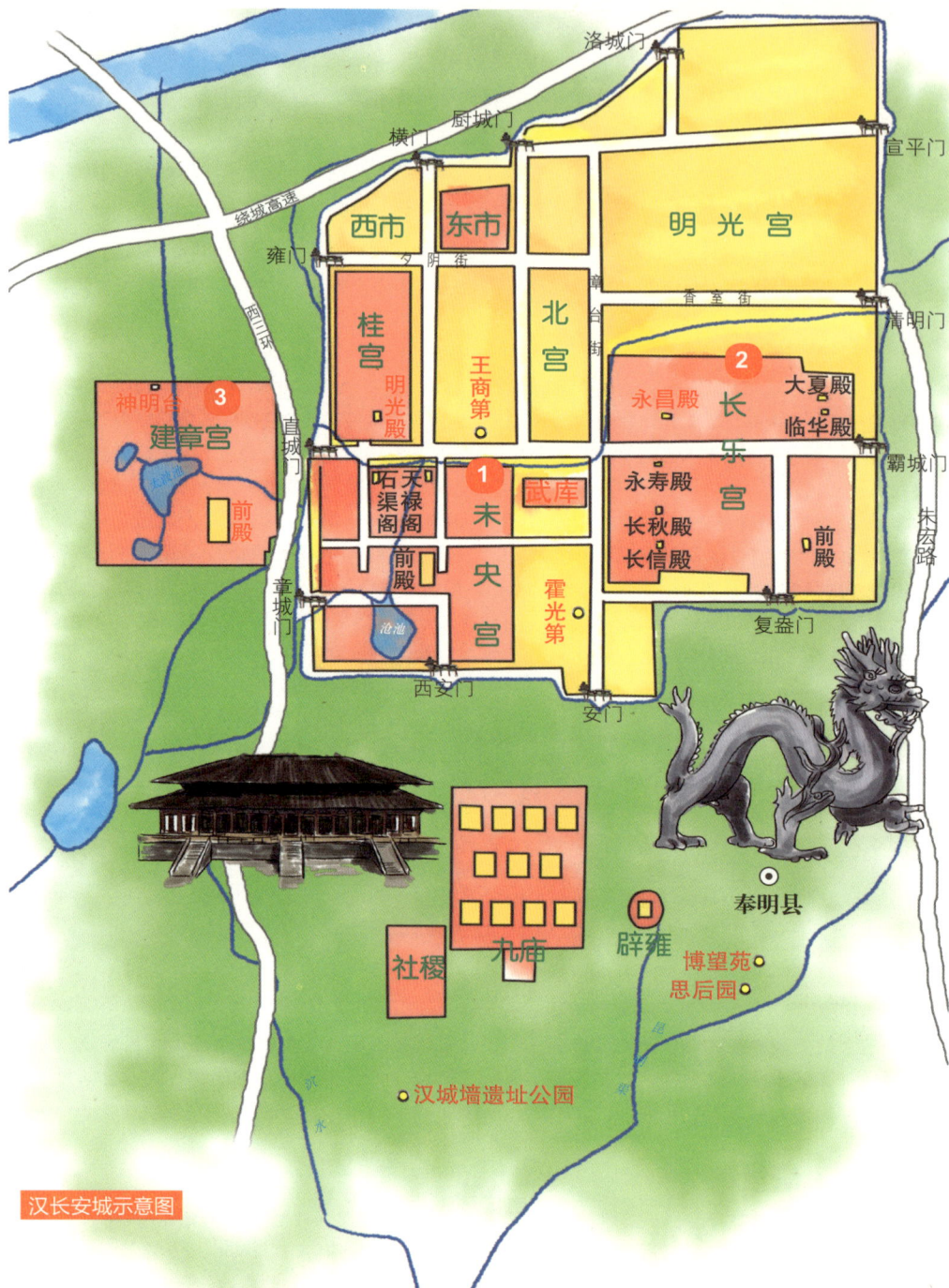

汉长安城示意图

洛城门
厨城门
横门
宣平门
绕城高速
雍门
西三环
夕阳街
西市
东市
明光宫
桂宫
北宫
明光殿
王商第
香室街
清明门
直城门
永昌殿
长乐宫
大夏殿
临华殿
神明台
建章宫
3
武库
石渠阁
天禄阁
前殿
末央宫
永寿殿
长秋殿
长信殿
霸城门
章城门
前殿
复盎门
朱宏路
沧池
西安门
安门
社稷
九庙
辟雍
奉明县
博望苑
思后园
汉城墙遗址公园
汉水

3 建章宫

　　建章宫位于上林苑内（整个上林苑周围长达 100 多千米），由许多宫殿组成，号称"千门万户"。其前殿高于未央宫，东有凤阙，高二十丈，遗迹至今尚存。北部是太液池，池中有蓬莱、方丈、瀛洲诸岛，岛上亭榭楼阁，错落有致，山水相间，景色秀美，如同仙境一般。南部有神明楼、并干楼等建筑。

汉城湖

一幅优美如画的长卷

微印象

@我家住在64号楼 汉城湖是一座城市边的公园，整个景区细致、安静。公园里没有广场舞的纷杂，都是情侣和散步的市民。非常喜欢这个公园，约上三两好友来这里聊天、散步，走累了还可以去汉武帝铜像下的啤酒广场吃吃喝喝。

@不可思议的海 围湖而建的公园，最有名的是汉武帝铜像，另外晚上的音乐喷泉也是值得一看的。不要错过公园另一端的大风阁。

@禄姑娘 里面有一座汉武帝的大石像。微风吹过湖面凉凉的。里面还有马道，可以骑马，黄昏下的汉城湖最美。

门票和开放时间

门票：公园免门票，大风阁45元。

开放时间：春夏6:00~22:00；秋冬7:00~21:00。

最佳旅游时间

四季皆宜，景色各有千秋。

进入景区交通

位置：西安市未央区北二环与朱宏路西北角。

交通：1.乘坐公交714路到郭家村公交站下车，从和平桥入口进入汉城湖。

2.也可以乘坐33、900路到郭家村公交站下车，从凤城二路西口进入汉城湖。

景点星级

人文 ★★★★　　特色 ★★★　　休闲 ★★★　　美丽 ★★★　　浪漫 ★★　　刺激 ★★

汉城湖，位于西安市西北部，原为团结水库，自大兴路至凤城三路，全长约6.27千米，是集防洪保安、园林景观、水域生态、文物保护和都市农业灌溉为一体的特色生态公园。据史料记载，在汉代，这里是长安城的漕运河道，西起今西安三桥车刘村，北至郭家村，负责当时京城的货物运输。当时的漕运河风景秀丽，每到春季，许多王公大臣都在漕运河两岸踏青游玩。

园内的人声鼎沸与园外的相对冷清形成鲜明的对比，远远望去，最醒目的就是汉武大帝那高大的铜像。这里可以乘船欣赏汉城湖两岸独特的风光，途中可以感受到别有韵味的小桥流水、精致典雅的古典园林。让西汉的烟尘、东汉的风洗去现实生活中的疲倦，承载着梦想穿梭于曲折蜿蜒的林间小道，静听与千百年前没有丝毫差异的风声鸟语，柳暗花明，低头望去，一幅长卷优美如画，尽收眼底。

1 封禅天下

湖面音乐喷泉南北长度约 100 米，主喷泉高度达 60 米。通过"汉武英风""绿湖水韵""盛世风景"这三个章节，色彩斑斓地展示了大汉帝国的决决国风，表现了汉武大帝的英武豪气，诠释了中华儿女生逢和平盛世、幸福欢乐的生活情景。

湖中建有两座汉阙，为封禅双阙，阙高 10.9 米，它是中国古代建筑体系中极为重要的一种建筑形制。园中的汉武大帝雕像高 21.5 米，寓意着西汉统治 215 年；基座高度 7 米，寓意汉武帝刘彻是西汉的第 7 位皇帝，展示了汉武帝一统江山、胸怀万里的豪迈气概。这座雕像也是目前国内皇帝像中最大的一座。园中还有个上善若水景石，"上善若水"这四个大字，据说是唐代著名书法家颜真卿的真迹拓本。

> 点赞 👍 @kuailehu 环境幽雅，恬静而美好，风光无限。可以近距离感受大汉王朝的风度，汉武帝似乎在向你"招手"。更有水上游船，可以慢悠悠地泛舟湖光水色之中，忘却都市的喧嚣。

👪 亲子研学

封禅

所谓"封"就是"祭天"，"禅"就是"祭地"，这也是古代帝王在太平盛世或天降祥瑞之时祭祀天地的大型典礼。历史上汉武帝曾经六次在泰山封禅，无论是所谓的沟通天、地、神、人之间的关系还是祈福，次数之多都是其他帝王没法相比的。

2 霸城溢彩

霸城门是汉长安城东城最南端的门，又称青城门。门上建有门楼，下开 3 个门道，门道宽 8 米，门道间隔墙宽 14 米左右。霸城门西对城内长乐宫东宫门，王莽末年被毁，遗址保存较好。园内的和平桥因汉代有苏武牧羊、张骞出使、丝绸之路、昭君出塞等追求和平的史实而命名，位于霸城门东面。

水车广场占地 5000 平方米，并建有两个大型的汉代水车，其直径大的为 21.5 米，寓意西汉统治 215 年，小的为 19.6 米，寓意东汉统治 196 年。而榆园因为生长着一棵被人们称为"神树"的黄榆树而得名，该树胸径达 1.5 米，需四五个人手拉手才能围住。据专家考证，这棵黄榆树树龄近千年，堪称黄榆树之王。

③ 汉桥水镇

尚武桥，桥身上镶贴着金龙浮雕，它们全部是用金箔铺贴而成。几千年来龙都是皇权的代名词，因此皇帝也被称为真命天子。虹明桥依水而建，形若彩虹。桥中间的一孔最大，以便利游船通行，三个桥孔倒影在水中形成三个圆，非常好看。回澜桥是汉桥水镇片区又一座景观桥梁，桥的一边是商业步行街，另一边是以绿化景观为主的滨水景观休闲区。其形曲折，曲径通幽，就像一座雕塑，自然地融入景观环境之中。

④ 角楼叠翠

角楼叠翠片区包括大风阁、神明台、汉长安城东南角遗址等景观。汉城湖的标志性建筑大风阁总建筑面积约9442平方米，登高远眺，景区美景及汉长安城遗址尽收眼底。大风阁是取意汉高祖刘邦的《大风歌》中"大风起兮云飞扬，威加海内兮归故乡，安得猛士兮守四方"的意境。景区的秦岭山水微缩实景，背靠天汉雄风浮雕，利用假山、瀑布、仿真植被等，营造了一幅秦岭山水图。

神明台位于建章宫西北角今西安市三桥镇孟家村北，又名承露台，为汉武帝建造，目的是迎候神仙。雕塑广场，是景区的主要景观之一，能观赏到长200米的天汉雄风巨型浮雕。全图一共分为五段，分别以"生、长、化、收、藏"立意，又以青龙、白虎、朱雀、玄武四阙界之。

解说

天汉雄风浮雕中的张骞出使、班超安边、昭君出塞、苏武牧羊，每一个浮雕都展现着一个悲壮的故事。其中苏武牧羊浮雕上显示了一个手执汉节的老人凝神翘望，心怀故土。自古中华多伟男，汉文化的精忠报国思想和舍生取义的浩然正气已浸入了我们民族的骨髓里。

攻 略

娱乐 城市魅力深体验

每年元旦，汉城湖会举行迎新祈福盛典，再现帝王祈福仪式，可以身临其境体验古代皇帝祭天祈福的盛大场面。

每年农历大年三十至正月十五，汉城湖公园都会有新春庙会，非遗文化表演、秦腔表演、曲艺表演、大型游乐嘉年华等轮番上演，还有地道的陕西特色小吃可让游客过足嘴瘾。

每年中秋，汉城湖会举行祭月大典，人们身着传统汉代服饰，齐聚封禅广场，通过古老的祭祀礼仪，来表达人们祈求月神降福人间的一种美好心愿。

此外，汉城湖每年还会举行开笔礼和学子成人礼。开笔礼通过庄重的仪式让孩子感受到入学是人生中的一件大事；学子成人礼还原了一场体现原汁原味的汉文化精髓的仪式，让学子们体会成长的责任，完成角色的转变。

专题
古长安的变迁

　　长安是中国历史上建都朝代最多和影响力最大的都城。由于历史原因有过迁徙，但大致都位于现在的西安和咸阳附近。先后有 13 个封建王朝和多个政权建都于长安，总计建都时间超过 1100 年。

　　在建都长安的诸多朝代中，西汉、隋朝和唐朝都是中国历史上最强盛的时代，当时的长安已成为国际性的大都市。在后人的评价中，它不仅位列中国四大古都之首，还与希腊的雅典、意大利的罗马和埃及的开罗齐名，为世界四大古都之一。

　　在公元前 195—公元前 25 年、580—900 年的两段时间里，长安都是世界上最大的都市。在长安发展的顶峰时期，大约拥有超过百万的人口；在其发展的极盛阶段，长安一直充当着世界中心的地位，吸引了大批外国使节与朝拜者的到来，这也让定都长安的君王们萌发出名扬千秋万世的想法。因此，唐代长安城下属有万年县和长安县，即取万年长安之意。

西周时期

　　西安地区很早就已经成为都城所在地，最早纪录为西周的国都丰京、镐京（公元前 1111—公元前 770 年）。

　　丰、镐本是沿着沣水而修建的两座颇具规模的城市。沣水西称丰京，沣水东称镐京，史称"丰镐二京"，分别由周文王与周武王营建。不过，习惯上将这两座城市看成一个城市，因为它们分别承担了不同的作用。丰京在西周后期更多的是承担了带有宗教性的祭祀的作用，而镐京则作为行政中心存在。

秦朝

1959 年以来勘察发掘秦都咸阳遗址。经勘查，该宫在今渭河北岸黄土塬上，宫内保存有十多处大型夯土建筑基址。已经发掘的主要是 1 号基址，它东西长 60 米、南北宽 45 米，高出地面 6 米，平面呈长方曲尺形。经初步复原研究，这是一座以多层夯土高台为基础、凭台重叠高起的楼阁建筑。其台顶中部是两层楼堂构成的主体宫室，四周有上下不同层次的较小宫室，底层建筑周围有回廊环绕。

整座建筑结构紧凑，布局高下错落，主次分明，在使用和外观上均有较好的效果。据出土的建筑材料及陶文书体特征，结合史籍中对咸阳宫方位的推测，这是咸阳宫内一处重要宫殿。它始建于战国中晚期，后经多次维修、扩建，秦末毁于大火。但也有人认为，将 1 号基址定为咸阳宫建筑还缺乏有力证据。

西汉时期

秦末汉初，长安被视为秦都咸阳的一个乡聚，是秦始皇的兄弟长安君的封地，因此被称为长安。

汉初，高祖刘邦下诏，相国萧何主持营造都城长安，开启了汉帝国的宏大基业。

汉长安城位于今西安市区西北郊外，面积约 36 平方千米，大约是同时期罗马城的四倍。长安城有 12 座城门和 8 条主要街道，最长的街道长 5500 米。城内的宫殿、贵族宅第、官署和宗庙等建筑约占全城面积的三分之二。宫殿集中在城市的中部和南部，有长乐宫、未央宫、桂宫、北宫和明光宫等。

其中未央宫是从汉惠帝开始的皇帝居住和处理朝政的地方，是中国历史上最有名的宫殿之一。居民区分布在城北，划分为 160 个"闾里"。市场在城市的西北角上，称为"长安九市"。在城西有面积广

大的上林苑，苑内主要有昆明池、建章宫等。在城南有一组王莽时期建造的礼制建筑。汉长安城一改战国时期大小城相套的格局，把居民区、工商业区和宫殿区集中在一座城市里，后世的都城都沿用了这一体系。

魏晋南北朝

西晋末年，晋愍帝在长安短暂建都。此后，关中长安地区几度成为战争频发地，前赵、前秦、后秦、西魏、北周等政权也都将首都设在长安。

隋朝

隋文帝杨坚建立隋朝后，最初定都在汉长安城。当时的汉长安历经长期战乱，年久失修，破败狭小，污染严重，于是隋文帝决定另建一座新城。

开皇二年（582年），文帝在长安城东南龙首塬南面选了一块"川原秀丽，卉物滋阜，卜食相土，宜建都邑"（《隋书·高祖纪》）的地方建造新都，新都定名为"大兴城"。大兴城的面积达84平方千米，主要由建筑学家宇文恺主持规划建设，先造大兴宫城，后造皇城。

开皇三年（583年）在城西侧开挖龙首渠、永安渠和清明渠，引浐水、交水、潞水，直通宫城。翌年，由大兴城东凿300余里至潼关，名为广通渠，引渭水注入渠中使漕运直通黄河。605年，隋炀帝杨广继位，同年，建通济渠运河，自大兴至江都（今江苏扬州）。608年，又兴建永济渠运河。大业九年（613年）又动用10万余人修筑大兴城外郭城，大兴城的总体格局至此形成。

唐朝

618年，李渊称帝，建立唐朝，改大兴为长安，此后进一步修建和完善。唐太宗和唐玄宗年间先后增建了大明宫和兴庆宫等宫殿。

唐长安城是世界历史上第一个达到百万人口的大城市。唐长安的人口中，除居民、皇族、达官贵人、兵士、奴仆杂役、佛道僧尼外，外国的商人、使者、留学生、留学僧等总数不下3万人。唐的科技文化、政治制度、饮食风尚等从长安传播至世界各地。另外，西方文化通过唐长安城消化再创造后又辗转传至周边的国家和地区。唐长安成为世界西方和东方商业、文化交流的汇集地，是当时世界上最大的国际大都会。

唐长安城由外郭城、宫城、皇城3部分构成，总面积80多平方千米。外郭城平面长方形，东西长9721米，南北宽8651.7米，周长36.7千米。每面有3座城门，除南面正门明德门为5个门道外，其余皆为3个门道。宫城位于廊城北部中央，平面长方形，南北1492米，东西2820米。中部为太极宫（隋大兴宫），正殿为太极殿（隋大兴殿）。东为皇太子东宫，西为宫人所居的掖庭宫。皇城接宫城之南，有东西街7条，南北街5条，左宗庙，右社稷，并设有中央衙署及附属机构。后来，唐太宗（李世民）为其父修建了避暑的大明宫，唐玄宗（李隆基）又把自己当临淄王时的王府改扩建成了兴庆宫，太极宫、大明宫和兴庆宫统称为"三大内"。

五代、宋、元

唐以后，长安不再是王朝的都城。后梁设大安府，后唐设京兆府，宋设陕西路、永兴军路。元设安西路、奉元路等。

明代

洪武二年（1369年），朱元璋改奉元路为西安府，并在唐长安城皇城的基础上修建了西安城墙，留存至今，是中国现存最完整的一座古代城垣建筑。

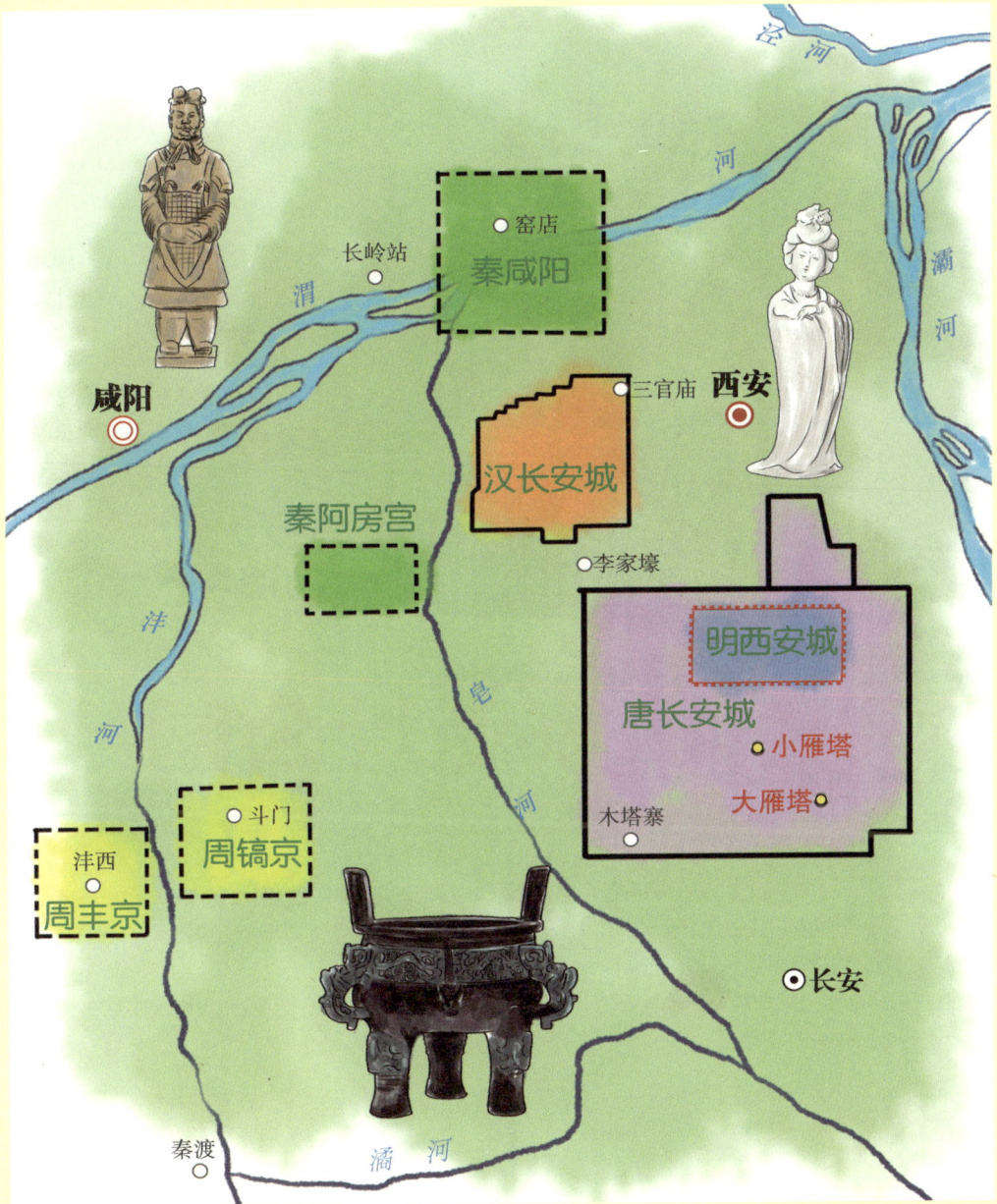

古长安城变迁示意图

大明宫国家遗址公园

再现大唐盛世的华美风采

微印象

@一壶浊酒 可能是看《大明宫词》的原因，这里是全西安最令我心心念念的地方，到的第一天就去了。"长安月下，一壶清酒，一束桃花"的意境自然是看不到了，只能凭栏遥想。

@心心知我心 公园非常大，环境还行，夏天去的，当时很晒。总体觉得是晚饭后散步的好去处。

门票和开放时间

门票：套票60元。

开放时间：8:30~19:00。

进入景区交通

位置：西安市新城区自强东路585号。

交通：乘坐地铁4号线在大明宫站下。

景点星级

人文★★★★　　特色★★★★　　休闲★★★★★　　美丽★★★　　浪漫★★　　刺激★★

唐大明宫是东方园林建筑艺术的杰出代表，被誉为"丝绸之路的东方圣殿"。大明宫遗址作为1961年国务院首批公布的重点文物保护单位，是丝绸之路整体申请世界文化遗产的重要组成部分，也是国际古遗址理事会确定的具有世界意义的重大遗址保护工程。

唐大明宫是举世闻名的唐长安城"三大内"（太极宫、大明宫、兴庆宫）中最为辉煌壮丽的建筑群，遗址位于今西安市北郊龙首原上。大明宫始建于唐贞观八年（634年），是太宗李世民在位时期为其父李渊修建的。唐龙朔三年（663年），高宗帝将其扩建，大明宫成为唐代帝王最为显赫壮丽的建筑。从高宗时起，历朝皇帝多在此听政，是二百余年间唐代的政令中枢所在。

唐大明宫遗址平面略呈梯形，面积约3.2平方千米。宫墙周长约7.6千米，四面共有11座门，已探明的殿、台、楼、亭等基址有40余处。其南部为前朝，自南向北以含元殿、宣政殿和紫宸殿为中心；北部的内廷中心为太液池。大明宫是规模最大、制度最完备、皇帝朝寝时间最长的宫城，不仅是唐代的政治中心和国家象征，更是唐代建筑文化的典型代表。

攻略

游客服务中心是游客购买门票的地方，游客可在游客服务中心大厅观看大明宫国家遗址公园模型（大明宫复原模型、大明宫国家遗址公园模型、原大明宫地区复原模型），初步对公园有个直观的了解。

1 丹凤门

丹凤门是大明宫的正南门，为中国古代都城城门建制的最高制度的五门道宫门。城门上建有巍峨高大的丹凤楼。北与含元殿、宣政殿、紫宸殿遥相呼应，构成了大明宫的中轴线，是唐朝皇帝出入宫城的主要通道，同时也是唐代皇帝二百多年间举行登基、改元、宣布大赦及举行宴会等外朝大典的重要政治场所，是大唐王朝的国家象征，有"盛唐第一门"之称。

2008年大明宫国家遗址公园项目启动后，丹凤门遗址博物馆便开始建设。博物馆为三层框架结构，外墙色彩全部选用淡棕黄色，目的是使这座建筑既能体现唐代皇宫正门的形制、尺度、建筑特色和宏伟端庄的风格，又有别于其他仿古建筑。色彩上采用浑然一体高度抽象的手法，赋予遗址保护展示建筑雕塑感和现代感。内部空间则用于保护展示丹凤门遗址，城楼上用以开展各种仪式活动。

❷ 含元殿

含元殿属高宗时期扩建，是当时唐长安城内最宏伟的建筑，为大明宫中轴线上南起第一座殿宇，属皇宫前朝三大正殿之首，地位尊崇，以后的两百多年间一直被使用。含元殿是举行国家仪式、大典的地方，与北京故宫太和殿地位相当。所谓"千官望长安，万国拜含元""九天阊阖开宫殿，万国衣冠拜冕旒"，就是描写含元殿大朝会的盛况。

含元殿东西长 75.9 米，南北宽 42.3 米，夯土台基高 3 米多，可以由此俯视长安城，此殿是大明宫正殿。殿前东西两侧有翔鸾、栖凤二阁和通往平地的龙尾道，殿两侧为钟鼓二楼，殿、阁、楼之间有飞廊相连，成"凹"字形。含元殿在台基东西两旁各有一条廊道遗迹，分别伸向东边的翔鸾和西边的栖凤二阁。整座建筑开朗辉煌，为大唐建筑杰出的代表。

点赞 👍 **@那年的雨季** 大明宫十分推荐一去，绝对不枉此行。在这里真心可以感受到当时大唐恢宏的气势。在博物馆里面还可以看表演，非常值得一看。

❸ 太液池

在大明宫北部，有一泓碧水轻波荡漾，这就是皇家池苑太液池，又名蓬莱池。太液池水面有 240 多亩，远大于 150 亩的兴庆宫，唐代各朝皇帝后妃都喜欢流连于此。

太液池环湖长廊将近 400 间，长达 800 至 1000 米。其南岸遗址上一组大型廊院建筑遗存内分布有廊道、院落，廊道可能为前朝与后宫园林之间及后宫各殿之间的连接通道，院落应是宫内进行观景、宗教礼拜等各种活动的场所。

点赞 👍 **@蝴蝶飞飞** 太液池很漂亮，据说以前的规模比现在大多了，连杨贵妃都经常来这里，现在已经成为平民百姓的乐园了，真是斗转星移，物是人非啊，怎不让人感慨。

攻略

在高科技声光电的综合作用下，大明宫仿佛沐浴在朦胧的月光下，头顶一对对荷花、脚踏云雾的仙女飘逸而来，幻若仙境。蓝色的灯光映照出一片波光荡漾，太液池仿佛漂浮在夜空之上，充满梦幻与神奇。

4 地下遗址博物馆

位于公园中轴景观中心地下的遗址博物馆，突破了传统的文物展陈方式，引入富有历史实景的演出，用现代的方式对历史进行诠释。

参观地下博物馆，不能错过观看《百官上朝》和唐代服饰雅秀《日月大明宫》的演出。其中，《日月大明宫》是一场集现代与古典为一体的唐朝服饰演出。演出利用服装、音乐、舞台美术、灯光等手段再现了盛唐的繁华和鼎盛，通过现代时尚的 T 型舞台秀讲述了唐朝女皇帝武则天一天的生活情景。

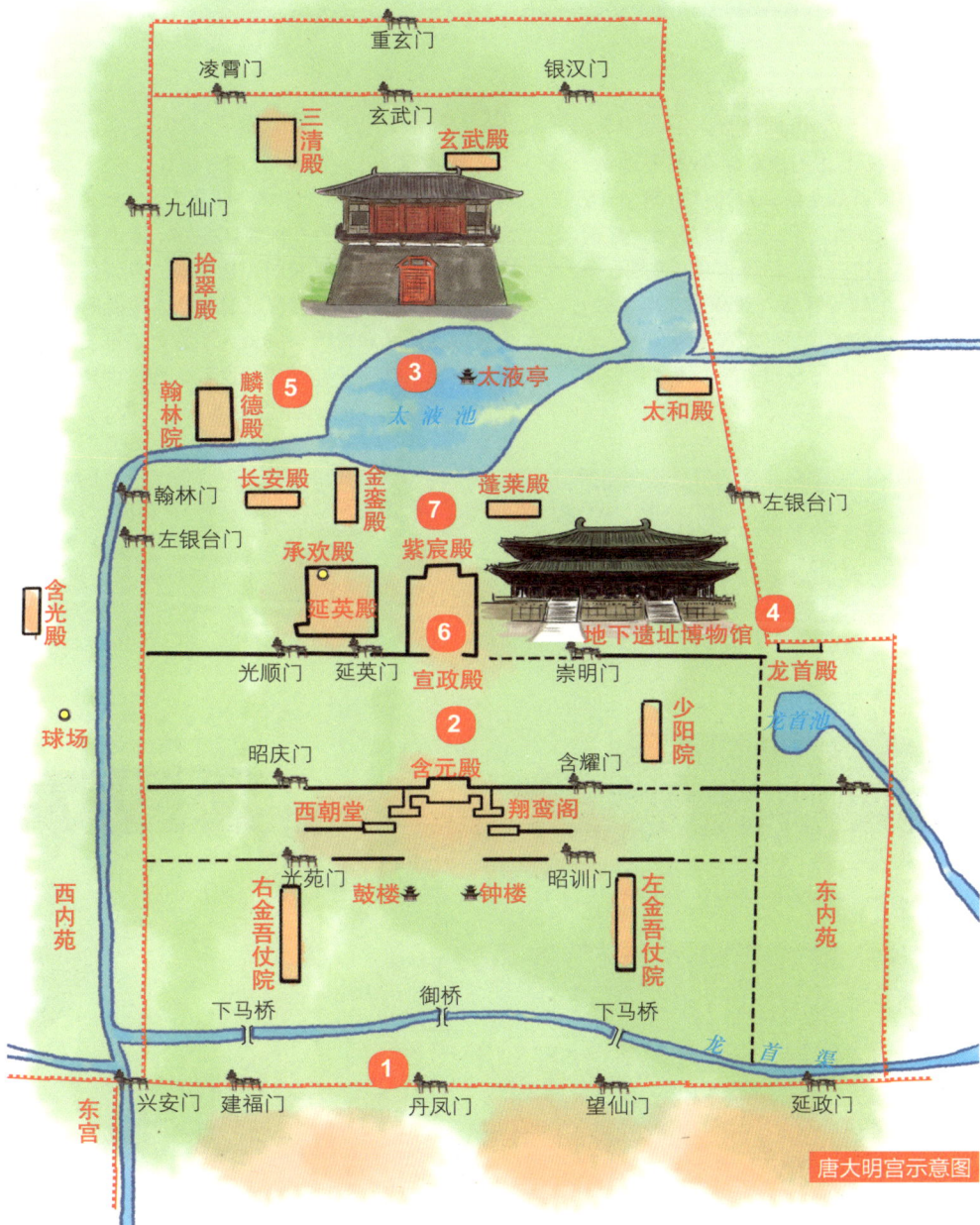

重玄门
凌霄门　　　银汉门
玄武门
九仙门
三清殿　玄武殿
拾翠殿
翰林院　麟德殿　5　3　太液亭
太液池　　　太和殿
翰林门　长安殿　金銮殿　7　蓬莱殿　　左银台门
左银台门
含光殿　承欢殿　紫宸殿
延英殿　6　地下遗址博物馆　4
光顺门　延英门　宣政殿　崇明门　龙首殿
球场　　　少阳院　龙首池
昭庆门　2　含耀门
含元殿
西朝堂　翔鸾阁
西内苑　右金吾仗院　光苑门　鼓楼　钟楼　昭训门　左金吾仗院　东内苑
下马桥　御桥　下马桥　龙首渠
东宫　兴安门　建福门　1　丹凤门　望仙门　延政门

唐大明宫示意图

⑤ 麟德殿

麟德殿位于太液池西边的高地上，是大明宫的国宴厅，因建于唐高宗麟德年间而得名。

麟德殿由四座殿堂（其中两座是楼）前后紧密串连而成，面积达 5000 多平方米，是大明宫内规模最大的宫殿之一。其主体建筑左右各有一座方形和矩形高台，台上有体量较小的建筑，各以弧形飞桥与大殿上层相通。整座麟德殿是迄今所见唐代建筑中，形体组合最复杂的大建筑群。

延伸

史载在麟德殿大宴时，殿前和廊下可坐三千人，可表演百戏，还可在殿前击马球。据此，专家推测殿前极可能是开敞的广场，可见唐朝的辉煌盛世。

⑥ 宣政殿

含元殿正北约 300 米处是宣政殿，为皇帝临朝听政之所，称为"中朝"。殿基东西长 70 米，南北宽 40 多米。殿前左右分别有中书省、门下省和弘文馆、史馆、御史台馆等官署。在殿前 130 米处，有三门并列的宣政门，左右是横贯式的宫墙，墙、殿之间形成较大的院庭。

⑦ 紫宸殿

紫宸殿位于宣政殿以北 95 米处，称为"内朝"，群臣在这里朝见皇帝，称为"入阁"。宣政殿之后有紫宸门，门内有紫宸殿，为寝区主殿。紫宸殿东有浴堂殿、温室殿，西有延英殿、含象殿，东西并列，是皇帝日常活动之所。紫宸殿北有横街，街北即后妃居住的寝殿区。紫宸殿为长安城大明宫中的第三大殿，是大明宫的内衙正殿，是内朝议事之处，也是皇帝生活起居的内宫性质的殿堂，故也称天子便殿。

攻 略

娱乐 城市魅力深体验

观影

景区内有IMAX3D巨幕影院，为游客提供震撼的视听体验。影院内播放的《大明宫传奇》是一部具有国际视野的特种电影，讲述了一幅古代大型壁画引出的传奇故事。为了配合IMAX3D电影的制作特点，影片安排了多个极具视觉冲击力的场景，如大型宫廷乐舞、皇家马球比赛、贵族狩猎场、武术对刺等，这些场景会为观众奉献一幕幕别开生面、惊心动魄的非一般视觉体验。

节庆：风筝节、牡丹节

每年春季，大明宫国家遗址公园都会举行踏青活动，主要就是风筝节和牡丹节。活动期间，大家不仅可以享受放飞风筝带来的乐趣，感受青草绿树中遗址的独特魅力，还可以骑行游览大明宫牡丹园，感受万株牡丹迎春怒放、花海连片的美丽春景。

戏曲文化节

戏曲是我国优秀的传统文化，而秦腔堪称中国戏曲的鼻祖。五一期间，大明宫国家遗址公园会开展戏曲文化节，并招募民间爱好者参与到其中，此外还有戏曲名家齐聚大明宫为观众献上经典的戏曲唱段。

冬至祭天礼

"冬至祭天礼"是对我国古代传统冬至节庆活动进行的重新演绎，大明宫国家遗址公园举行的冬至祭天礼表达了为百姓祈求五谷丰登的愿望，重现唐代皇家礼制的气势，届时可以前去一观。

大唐西市

展示盛唐"丝路"文化

微印象

@不起眼的小人物 建得很漂亮也很大气，有珠宝古玩、博物馆、商城饭店，有的时候还会有庙会活动。尤其是丝路风情街，超赞！里面卖的东西不错，还有一个博物馆很值得来此游览。

@小萌萌 在唐朝长安有东市和西市两大市场，东市主要服务于达官贵人等少数人群，而西市则是大众化、平民化且有大量客商的国际性大市场。"买东西"这个词就是由此而来。

门票和开放时间

门票：特别展览60元，馆藏墓志库150元（需提前与票务室进行预约参观），其他景点均免费。

开放时间：大唐西市博物馆冬季9:00~17:00，夏季9:00~17:30。雨田社上午10:30~11:30，下午15:00~16:00。

进入景区交通

位置：西安市碑林区劳动南路1号。

公交：乘坐24、28、43等路公交车到大唐西市站下车可到。

景点星级

人文★★★★ 特色★★★★★ 休闲★★★★★ 美丽★★ 浪漫★★ 刺激★

白居易的《登观音台望城》：“百千家似围棋局，十二街如种菜畦。遥认微微入朝火，一条星宿五门西。”描绘了长安城内皇宫衙署和市民住宅分区设立、不相混杂的风貌，可见其布局匀称、城坊整齐。

当时西市建筑面积约100万平方米，有220多个行业，固定商铺4万多家，被誉为“金市”，是当时世界上最大的商贸中心。在这里曾发生了大量的历史趣闻逸事，留下了大量文人骚客的墨宝。如李白的《少年行》，杜甫的“李白斗酒诗百篇，长安市上酒家眠”，都提到或涉及了西市。

大唐西市文化景区是在西安古城墙西南方唐长安西市遗址上重建的综合性商贸旅游项目，是目前国内唯一一处在原址上重建的大型商贸与旅游主题区。该项目与城墙毗邻相望，在这里可以一窥当年大唐盛世熙熙攘攘的热闹场景。

大唐西市模拟图

攻略

大唐西市文化景区不远处有丰庆公园，公园为仿唐建筑风格，里面翠柳依依、绿树成荫、池水清澈，是现代生态景观与历史文化景观融为一体的市民休闲公园，颇有皇家园林的气息，很值得游览。

❶ 大唐西市博物馆

大唐西市博物馆，建于唐长安城西市遗址之上，馆藏文物众多，以西市遗址出土文物和博物馆精藏文物为主，上起商周，下迄明清，跨越绵绵三千余载。这里有精美神秘的青铜器，绚丽多彩的陶瓷器，千姿百态的陶俑，璀璨夺目的金银器，精美绝伦的丝绸，巧夺天工的玉器，还有大量的货币、墓志、建筑类文物，让人目不暇接。

在基本陈列"丝路起点 盛世商魂"主题中，能观赏到唐代西市东北十字街遗址、车辙遗迹和部分出土文物。站在遗址上方透明的玻璃地板上，俯瞰脚下上千年前的唐代西市建筑的地基、道路和水沟等，历史的沧桑感油然而生。这里也是公认的丝绸之路的起点，已被列入丝绸之路各国联合申报世界文化遗产的名录。

② 大唐西市国际古玩城

大唐西市国际古玩城是目前国内规模最大、档次最高、服务与设施最完善的古玩艺术品交易中心，商业规划地下一层，地上二至三层，局部四层，是以唐式建筑风格为主题的仿古建筑。

大唐西市国际古玩城分 A、B 两坊：A 坊以古玩收藏品展示、交流、鉴定及拍卖为主；B 坊以民间艺术品、艺术画廊、民俗工艺品经营为主，集文物商店、鉴定评估中心、拍卖行、典当行、古玩展厅、艺术画廊、跳蚤市场、古玩经营配套店等于一体。如今这里已经成为中国古玩界的旗舰和风向标。

点赞 👍 @小菊的春天 文化氛围很好，很有古城特色的一个街区，各式各色的古玩产品令人目不暇接。

③ 金市广场

盛唐时期，由于长安西市管理规范、买卖公平、货物齐全，被沿着丝绸之路远道而来的各国商人誉为"金市"。金市广场位于景区的东入口处，是西安第一个百姓文化广场和旅游集散交流中心，也是大唐文化和丝路文化特色的演艺中心。这里定期举办各种节庆庆典活动、大型演艺活动及各国的民间艺术展演，已成为新时期的休闲广场和市民活动中心。

④ 丝绸之路风情街区

丝绸之路风情街区是以隋唐西市遗址为依托、以丝绸之路文化为主题、以盛唐百业为形式、以仿古建筑为载体的体验式商旅文化街区。在这条极富特色的丝绸之路文化步行风情街中，汇聚了日本曲、新罗坊、天竺街、波斯邸和罗马广场等丝绸之路沿线的特色商品、特色餐饮和特色演艺，通过建筑、雕塑、景观、演艺、餐饮、交易等方式，展现了丝路沿线各地的风土人情。

攻略

游客可在街区内购买到当地客商经营的土特产品，还可以观看胡旋舞、肚皮舞等表演，品尝特色美食，了解不同地域的历史文化。

攻 略

美食 饕餮一族新发现

大唐西市文化景区内聚集了很多中外小吃，各种风味的应有尽有，咖啡馆、茶餐厅等一应俱全，非常方便。

娱乐 城市魅力深体验

西安大唐西市春节文化庙会为国内三大品牌庙会之一，为陕西各县都设置了旅游商品展位，以打擂台的方式展示陕西各地区的文化特色和地方土特产。

丝绸之路风情街区浓缩有当年丝绸之路沿线的风土人情、历史风貌和文化景观，包括特色商品、特色餐饮、特色演艺、特色建筑。草原丝路、沙漠丝路、海上丝路上的峥嵘岁月和沧桑变迁在这里生动再现。

购物 又玩又买嗨翻天

如果你是一个古玩收藏者，那么来国际古玩城淘宝绝对是不容错过的。另外，这里的文化气息很浓，在各个景区都有售卖文化商品的商店。这里还有西市城购物中心可供逛街达人消费购物。

第 4 章
临潼
旅游区

骊山森林公园

华清宫

秦始皇帝陵博物院

专题：秦俑

骊山森林公园

笑看烽火戏诸侯

微印象

@昔日月乡 这里景色很漂亮，还有温泉。

@朝朝暮暮 古典历史中烽火戏诸侯的来源之地，和妈妈两人成功登顶，顶上的烽火台虽然看上去很一般，但是拍出来的照片效果有一种历史的沧桑感，很不错。

门票和开放时间

门票：150元。

开放时间：8:00~18:00。

最佳旅游时间

春、夏、秋三季最佳。春秋季节，温度适宜，适合出游；夏季，山中清凉可以避暑；冬季，景色略显萧瑟。

进入景区交通

位置：西安市临潼区环城东路3号。

1.旅游专线车：在西安火车站东广场解放饭店门前乘坐游5（306）路公交车在骊山索道站下，即可到达。

2.公交车：在西安火车站东广场乘坐高速915路中巴车、低速914路中巴车可到达。

3.自驾车：从西安自驾车前往骊山，可沿西临高速公路前行，行程约24千米（经过灞桥收费站，路桥费用10元/辆），30分钟左右即可到达骊山。

景点星级

人文★★★★　　特色★★★　　休闲★★　　美丽★★★★　　浪漫★★★　　刺激★★

骊山国家森林公园位于西安市临潼区南，是秦岭山脉的一个支脉，山上松柏常青，壮丽翠秀，似一匹青苍的骊驹而得名，又因系西周时骊戎国所在地，因此称为骊山，最高峰九龙顶海拔约1302米。骊山山势逶迤，树木葱茏，远望宛如一匹苍黛色的骏马。骊山也因景色翠秀，美如锦绣，又名"绣岭"。周、秦、汉、唐以来，这里一直是游览胜地。

骊山曾是帝王游幸之地，这里有烽火戏诸侯的烽火台，纪念西安事变的兵谏亭，纪念女娲补天的老母殿，号称"西北第一滑"的骊山滑索。骊山不仅景色翠秀，而且历史典故众多。每当夕阳西下，骊山辉映在金色的晚霞之中，景色格外绮丽，即为"关中八景"之"骊山晚照"。

解说

骊山曾是帝王游幸之地，山上山下古迹随处可见，神话传说层出不穷。相传远在上古时期，这里曾是女娲氏"炼石补天"之处；西周时，周幽王又在此上演了一幕"烽火戏诸侯，褒姒一笑失天下"的历史闹剧；威震天下的秦始皇将他的陵墓建于骊山脚下，还留下了闻名世界的秦兵马俑军阵；唐朝时期，唐玄宗、杨贵妃在此演绎了一场凄美的爱情故事；清代，就连逃难而来的慈禧太后也不忘在此游玩享乐。

① 兵谏亭—日月亭—晚照亭

骊山半山腰有一块上有金黄菌锈的巨石，远望像老虎身上的斑纹，因此叫虎斑石。石上有一座水泥凉亭，亭内正面上方石壁上题词，叙述西安事变大略经过，2003年改名为"兵谏亭"。今日我们见到的这座石亭建于1946年3月。1986年，西安事变50周年前夕，正式命名为"兵谏亭"。

日月亭位于兵谏亭与晚照亭之间，内檐彩绘骊山各主要景点图案，游人在休息的同时，可以感悟骊山深厚的文化内涵。

晚照亭位于西绣岭老君殿东，建于1981年，是一座重檐攒顶方亭，取"骊山晚照"之意。站在晚照亭北侧可鸟瞰华清池、东花园、临潼全景和渭水。

点赞 👍 @喇叭裤 晚照亭很美，落日余晖下，更显多姿。上次在晚照亭看到了华清池，站在亭中有一览众山小的快感。

链接

骊山晚照：每当夕阳西下，骊山在落日斜阳里红霞万状，尤显壮观，"骊山晚照"被誉为"关中八景"之一。

② 三元洞坡下碑林—三元洞—金沙洞

三元洞坡下碑林又称日本碑林，是1998年为日本已故著名汉学书法家石桥犀水、藤田赞阳、石田泉城等九人所建的书法石碑，共有九块，有行、草、隶、篆、楷等字体。碑林的建立为中日两国书法艺术的交流提供了一个场所。

三元洞是一处自然奇观，有几孔宁静幽雅的窑洞，洞内奉祀着道教所尊的天宫、地宫、水宫（玉皇大帝、土地爷、大禹）三元。最奇特之处是窑洞内有五个茶杯口粗细的天然通风圆洞，深不知底，昼夜生风，春夏风向外吹，秋冬风向里吹，故称为三元洞。

金沙洞是唐玄宗和杨玉环在骊山的一个秘宫，俗称幽洞。这里是他们避开众人独自秘密会聚的一个山洞，明英宗正统年间书生刘瑞五探奇冒险，从而揭开了金沙洞的秘密。洞中有唐玄宗、杨贵妃及众宫娥的白玉雕像，杨贵妃腼腆羞涩，唐玄宗含情脉脉，无不栩栩如生。

骊山示意图

骊驹亭　滑索站2
石瓮寺　举火楼　火神庙
④　后瓮谷瀑布　回归石
舍身崖
遇仙桥
棋？
秤砣石　二天门

③ 明圣宫—老君殿—老母殿

　　明圣宫始建于 1992 年，是我国台湾地区著名爱国人士颜武雄等人捐款而修建的一座大型道教观，表达了台湾同胞认祖归宗、渴望回归的爱国之情。宫内有三清殿、仙祖殿、灵观殿等景观，整个建筑风格为明清建筑，古香古色，宛如一颗璀璨的明珠镶嵌在骊山上。

　　老君殿始建于唐代。唐高宗李治因老君姓李，且为道教始祖，认为和其同宗，对老君敬之有加，认其做先人。相传唐玄宗游幸华清宫时，两次在此梦到老君降临阁内，因此这里又被称为"降圣阁"和"朝元阁"。殿内原供奉着老君像，是唐代著名雕像家元迦儿的杰作，之后被毁，遗址现保存在陕西省历史博物馆。老君殿门前的并蒂皂角树是杨贵妃与唐玄宗亲手种下的，它们是杨贵妃和唐玄宗凄美爱情的永恒见证。

　　老母殿是为了纪念传说中中华民族的创始人女娲氏而修建的，位于骊山西绣岭第三峰之巅。相传女娲创造了人类，又在骊山炼石补天，劳苦而功高，后世人尊她为骊山老母，并在骊山上修建了这座女娲祠作为纪念。

老母殿自古以来就是骊山上一座著名的道教宫观，骊山老母是道教供奉的一位远古尊神。据老母殿内现存之《创修山路碑》记载，老母殿始建于秦。唐初重建时称老母祠。主殿内现供奉骊山老母（女娲）金身神像，存有唐广德元年（763年）立之《骊山老母授经碑》一通，记述了唐代著名道士李筌在骊山脚下遇老母为其传授《阴符经》的经过。

④ 烽火台—鸡上架—石瓮寺

烽火台是古代战时传递战报、调兵遣将的设施。相传西周末年，褒人向幽王献上一姓姒的女子，被称为褒姒。这女子貌若天仙，深得幽王喜爱。褒姒为幽王生了个男孩，名叫伯服，不久伯服被封为太子，褒姒也成了王后，可她自进宫后从未开颜一笑。于是，幽王为博美人一笑，无故点燃狼烟，戏弄诸侯。当犬戎入侵，周王再次点燃烽火时，却无人来救，致西周灭亡，从而留下一个"烽火戏诸侯，一笑失天下"的典故。

鸡上架位于石瓮水潭以西，从石翁水潭攀缘西行可到鸡上架。这里是从东绣岭通往西绣岭的一段险道，游人到此皆须手足并用，盘旋而上，如同鸡上架一般，故而得名。

石瓮寺位于骊山东、西绣岭之间的一处秀丽峡谷中，又名福崖寺，是骊山东绣岭的佛教名刹。寺内宋代沙石成皿，其形似瓮，故得名石瓮寺。

点赞 👍 @艺术生 烽火台是必去的景点，在感叹古人的聪明才智之时，也可以体会一下"烽火戏诸侯，一笑失天下"的惆帐！鸡上架那段道路比较难走，需注意安全。

攻略

景区交通 游遍景区不犯愁

　　登山入口：骊山有四个入口，一个是空军疗养院东隔壁骊山登山大道，驱车可直接到达老母殿；二是乘坐索道，直接到老母殿；三是西门，从骊山登山大道入；四是东门，即朝阳门，在兵谏亭底下，三分钟可到达兵谏亭，也是离兵谏亭最近的门。

行程推荐 智慧旅行赛导游

　　骊山风景游：东花园—逍遥亭—昭阳门—兵谏园—兵谏亭—千米长廊—虎斑石—日月亭—晚照亭—七夕桥—明圣宫—老母殿—上善湖—鸡上架—烽火台—天文台—翠荫亭—三元洞—西牌楼。

　　骊山道教文化游：骊山森林管理处—西牌楼—三元洞—翠荫亭—晚照亭—老君殿—明圣宫—老母殿—烽火台—天文台—鸡上架—石瓮寺—石瓮谷瀑布—遇仙桥—东花园—骊山森林管理处。

特别提示

　　1.夏天登山最好选在16:00左右开始，此时已错开全天气温最高时；买水最好在山下，越往上越贵。

　　2.每年的农历六月十三日，是女娲娘娘的诞辰，骊山都会举行大型庙会，庙会期间骊山的客流量会增加不少，此外每遇到黄金周，客流量也会猛增，游客最好能够错峰前往。

华清宫

寻找《长恨歌》的故事

微印象

@蜡笔大舅 这里是古时候杨贵妃沐浴休闲的地方，很有历史价值的一个地方，如果到西安旅游，时间充足，应该来这里看看，环境不错。

@今宵梦寒 全国最好的温泉，好在有历史感、文化感，想体验一把皇帝的感觉，一定要去这里。

门票和开放时间

门票：淡季（12月至次年2月）120元，旺季（3~11月）150元。

开放时间：旺季7:00~19:00，淡季7:30~18:00。

最佳旅游时间

春暖花开的3~5月和秋高气爽的9~11月是到华清池游玩的最佳季节。

进入景区交通

位置：西安市临潼区骊山北侧，华清路38号。

公交：乘地铁9号线在华清池站下车。

景点星级

人文★★★★　　特色★★　　休闲★★★　　美丽★★★　　浪漫★★　　刺激★★

华清宫南依骊山，北临渭水，自古就是温泉沐浴胜地，相传西周的周幽王曾在这里建离宫，到了唐代又数次增建，唐玄宗时改称华清池，是唐代皇家和王公大臣的洗浴地。

华清宫大门上方有郭沫若书写的"华清池"匾额，整体建筑为仿唐建筑群。景区由三部分组成：东部为沐浴场所；西部为园林游览区，有芙蓉园、九龙湖、唐御汤遗址、环园五间厅、梨园等景点；园林南部为文物保护区，千古流芳的骊山温泉就在此处。

华清宫在中国现代革命史上也有重要的地位，1936年12月12日，震惊中外的西安事变就发生在此。1959年，著名文学家郭沫若在此参观时欣然提笔写下了"华清池水色青苍，此日规模越盛唐。不仅宫池依旧制，而今庶民尽天王"的诗篇。

❶ 芙蓉园

芙蓉园是以芙蓉湖为中心、以静态观光为主的唐风唐韵浓郁的皇家园林区。园区内有唐玄宗与杨贵妃七夕盟誓的长生殿、温泉神女亭、芙蓉湖、得宝楼、果老药堂、御茗轩等景观。

芙蓉园汇集了表现爱情文化的景观小品、绿色植被等主题元素，园区内处处可见唐明皇与杨贵妃的爱情故事。

点赞 👍 @中国海 芙蓉园堪称是西北唯一一个代表唐文化内涵的皇家园林，其景区的设计很独特，给人一种穿越千年的瞬时感。

❷ 九龙湖

九龙湖是一处人工湖，分成上下两个湖，中间有长堤（九龙桥）东西横贯。堤上西为晨旭亭，东为晚霞亭，相互对应，与上湖南岸的龙吟榭相映成趣。龙吟榭下伸一大龙头，龙口泉水淙淙，长年不绝，所以取名龙吟榭。九龙桥上有八龙吐水，与龙吟榭下的大龙头合为九龙，因而以九龙命名。

九龙湖南岸和东岸，依次建有沉香殿、飞霜殿、宜春殿、宜春阁等仿唐宫殿，整个景区以红色为主调，配以青松翠柏、垂柳草坪。碧波粼粼的九龙湖宛如瑶池仙境，沿湖四周殿宇对称，廊庑逶迤，龙桥横亘，柳荫匝岸，令人赏心悦目。

攻略

水上舞台表演：每当夜幕降临，九龙湖水面都会有大型的水上舞台表演。届时表演会以全新理念引入的激光辐射、电脑特技、梦幻特效等表现手法，为广大中外游客营造出唐明皇与杨贵妃二人水乳交融的爱情世界和人与自然和谐相处的梦幻佳境，给观众以视觉和感观上的强烈震撼。

点赞 👍 @冬日禅 九龙湖景区内的各种仿唐宫殿很雄伟，值得一看。湖两岸更是景色优美，是赏湖的绝佳胜地。

❸ 唐御汤遗址博物馆

唐御汤遗址发现于 1982 年 4 月，1990 年 9 月建成开馆。

考古工作者曾在此清理出星辰汤、莲花汤、海棠汤、太子汤、尚食汤等五组唐代皇家汤池遗址，出土了汤池殿基、石墙、宫殿柱础、莲花方砖、圆形陶水管道及其他建筑材料 3000 余件，成为我国目前发现的唯一一组皇家御用汤池，同时也为研究中国古代沐浴史和皇家等级制度提供了不可多得的实物资料。

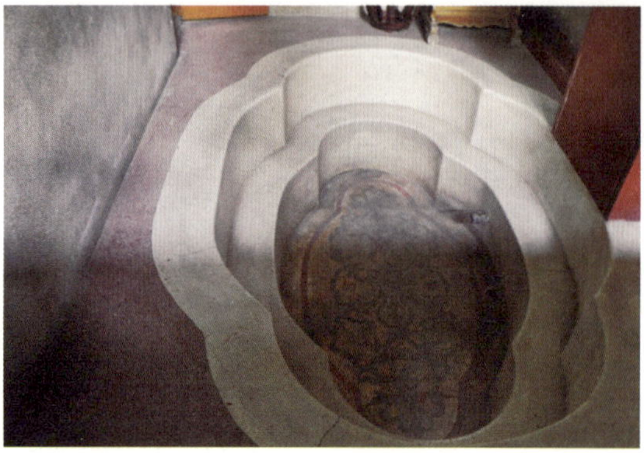

> 点赞　👍 @蚊帐里的我 以前对汤池了解得不多，所以这次着重看了这个遗址，了解到很多古代皇家汤池知识，不虚此行。

华清宫示意图

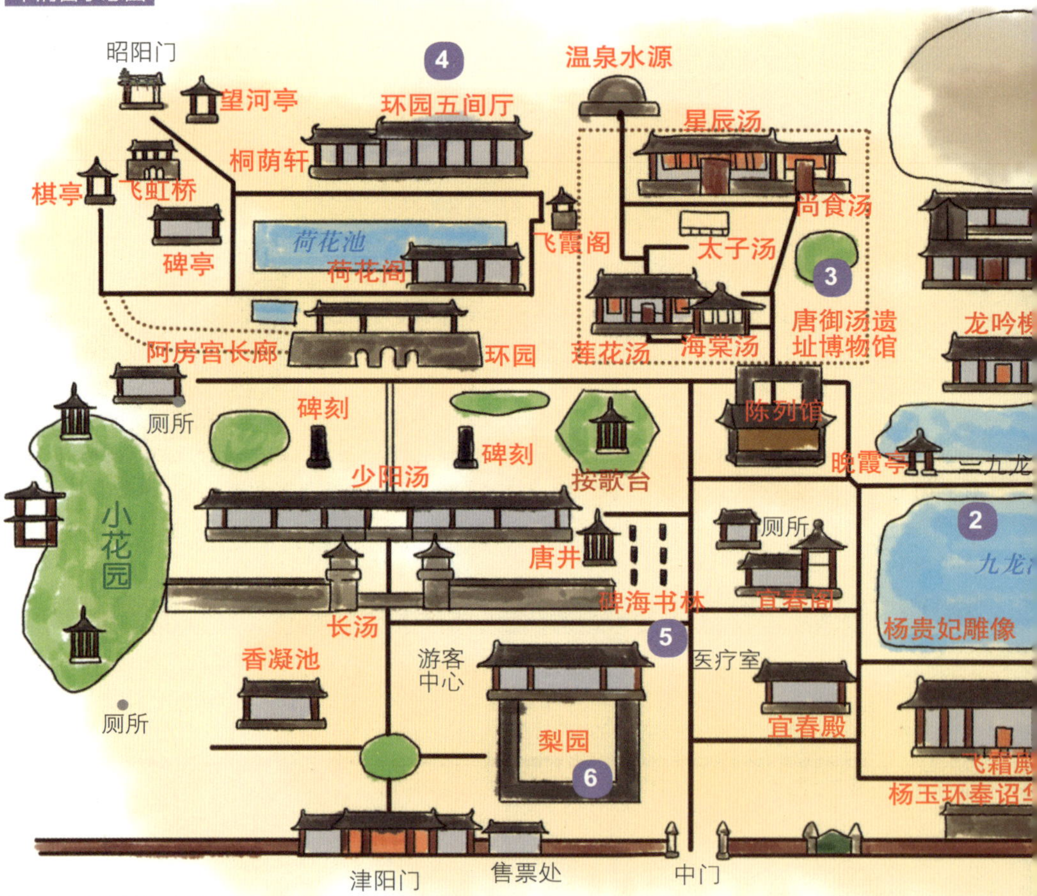

昭阳门
望河亭
棋亭　飞虹桥
碑亭
桐荫轩
❹ 环园五间厅
温泉水源
星辰汤
尚食汤
❸ 唐御汤遗址博物馆
龙吟楼
荷花池
荷花阁
飞霞阁
太子汤
莲花汤　海棠汤
阿房宫长廊
环园
陈列馆
晚霞亭
厕所
碑刻
碑刻
按歌台
二九龙
小花园
少阳汤
唐井
厕所
❷
九龙
杨贵妃雕像
碑海书林
宜春阁
❺
长汤
香凝池
游客中心
医疗室
宜春殿
厕所
梨园
飞霜殿
杨玉环奉诏华
❻
津阳门　售票处　中门

4 环园五间厅

环园是一座颇具江南园林特色的雅致小院，原为清朝驿馆，在清同治年间毁于战火。清光绪年间，得到重建，并改名环园。

走进环园，是一潭荷花池，池南是荷花阁，池东是白莲榭，沿着荷花池西岸走到荷花阁背后，就是著名的五间厅。五间厅是一座砖木结构的厅房，南依骊山，北至荷花池，庭院平坦，树木葱郁，因五个单间厅房相连而名五间厅。

五间厅是环园中的主要建筑物，合抱粗的赤色大柱高擎于厅的前廊檐，气宇轩昂。与周围的三间厅、望河亭、飞虹桥、飞霞阁相映成趣。五间厅旁，还有一座沐浴室，里面的浴池建于清代，是仿贵妃池形制而建。

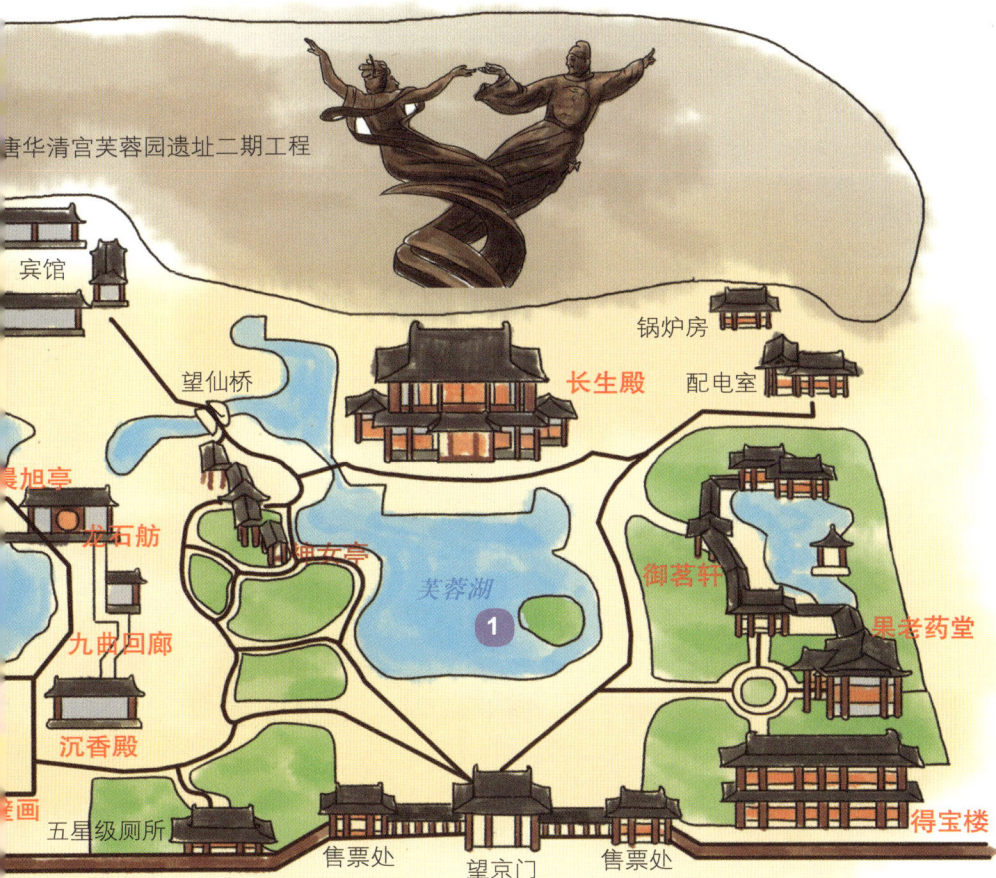

唐华清宫芙蓉园遗址二期工程

宾馆

望仙桥

锅炉房

长生殿

配电室

晨旭亭

龙石舫

御女亭

御茗轩

九曲回廊

芙蓉湖

1

果老药堂

沉香殿

壁画

五星级厕所

售票处

望京门

售票处

得宝楼

⑤ 碑海书林

碑海书林始建于 1985 年，由著名书法家刘自犊、沈鹏、钟明善等人所赠的墨宝镌刻而成，内容多为诵咏华清宫的诗词名句，有楷、草、隶、篆等多种书体；还有部分碑石由日本著名书法家墨宝镌刻而成，多为《长恨歌》诗词名句。其中著名的有《北魏温泉颂碑》《温泉铭碑》等。

点赞　👍 @小辣椒 适合文人或者喜欢书法的人去看，徜徉在书法的海洋里，也是一种美的享受。

⑥ 梨园

唐玄宗和杨贵妃在华清宫内演绎了千年传诵的爱情故事，使这座古老的皇家园林成为他们爱情的见证。玄宗"尤知音律"，杨贵妃"弹唱娴熟"，他们珠联璧合，创作了许多千古妙曲歌舞。著名的有《霓裳羽衣舞》《得宝子》《凌波曲》等。唐玄宗还开创了我国历史上第一所皇家音乐艺术学校——梨园，把梨园作为音乐、舞蹈、戏剧活动的中心，且以教习和演奏法曲为重点，并集合诸多音乐名师和舞蹈家，他也因此被尊奉为中国戏曲艺术的鼻祖。

攻略

住宿　驴友力荐的住宿地

景区紧邻临潼城区，游客可就近入住，也可前往市区住宿。临潼勇卿大酒店和蓝海阳温泉酒店位置优越，服务周到，游客可根据需要选择入住。

临潼勇卿大酒店：建筑雄伟，环境宜人，是一家集餐饮、住宿、娱乐商务等多功能于一身的综合性酒店。位置：临潼区银桥大道5号。

蓝海阳温泉酒店：酒店就在景区旁边，一出景区就能看到，地理位置非常优越。楼高7层，内设客房、餐饮、会议室、大型停车场，拥有装修风格典雅大方的各类客房80间。位置：临潼区书院东路826号。

美食 **饕餮一族新发现**

景区内的华清池餐厅环境优雅、别致，主要经营川粤菜肴。景区周边的临潼地区饮食场所也颇为众多，不仅能够品尝到各式菜肴，还能够尝到临潼地区的地方特产美食。

位于秦岭南路35号的临潼印象，是一家主营正宗陕菜的餐馆，这里不仅上菜速度快，店内环境也不错。

娱乐 **城市魅力深体验**

泡温泉：华清宫温泉共有4处泉源，其中一处发现于公元前771年西周时期。温泉出水量每小时达113吨，水温常年稳定在43℃左右，水内含多种矿物质和有机物质。浴池建筑面积约3000平方米，有各类浴池100多间，一次可容纳近400人洗浴。

赏歌舞：景区每天都会定时表演仿唐歌舞，游客可免费观看。主要演出节目有《贵妃醉酒》《贵妃出浴》《秋思》《霓裳羽衣舞》《荔枝香》《长绸舞》等，演出地点是六角亭表演广场或梨园歌舞大厅；演出时间为4~11月，每天两场10:40~12:10、15:00~16:30；演出时长为40~90分钟。

观演出：景区于每年4~10月的每晚20:30上演大型实景山水历史舞剧《长恨歌》，通过山水风光、古典乐舞、诗歌旁白、高科技灯光音响及特效等表现手法，让观众穿越时空，领略一千多年前发生在骊山脚下、华清池畔的凄美爱情故事，感受浓郁的盛唐文化气息。

景区还设有西安事变的演出，全剧通过烽火古城、矛盾激化、匆匆密谋、箭在弦上、枕戈待旦、大战在即、枪声破晓、统一战线、世事沧桑等十幕剧情，结合电影艺术和戏剧艺术的表现方式，真实而生动地再现了西安事变鲜为人知的历史原貌。

特别提示

建议请个导游。景区内大多数建筑是新建的，水池只是一些遗迹，只有结合历史背景才会知道奥妙所在。导游全程介绍景区约50分钟。

如今游客只能在景区内参观景点，如想在这里温泉洗浴，则必须入住景区内的温泉酒店。

秦始皇帝陵博物院

再现秦朝古都

微印象

@小鸡炖萝卜　兵马俑是秦始皇陵墓的陪葬品，通过兵马俑可以想象那时的繁华胜景。

@迷笛　如果想了解中国历史，西安必须去。兵马俑给我的震撼很大，尤其是在了解了关于建造的故事之后。不同于自然风景只是视觉冲击，这里带来的更多的是一种底蕴。

门票和开放时间

门票：120元。进入景区需多次检票，注意保管好门票。

开放时间：8:30~17:00（3月16日至9月30日，10月1日至10月7日周三至周六，10月8日至11月15日）；8:00~17:30（10月1日至10月7日周一、周二和周日）；8:30~16:00（11月16日至次年3月15日）。

进入景区交通

位置：西安市临潼区。

1.旅游专线：西安火车站东广场乘坐5专线在秦始皇帝陵站下车即可。

2.自驾车：沿西潼高速公路前行，行程24千米，到达临潼区后继续前行3千米为秦始皇陵，继续前行4千米即到秦兵马俑博物馆。馆前有停车场。

景点星级

人文★★★★　　特色★★★　　休闲★★　　美丽★★★　　浪漫★★　　刺激★★

秦始皇帝陵博物院是以秦始皇兵马俑博物馆为基础，以秦始皇陵遗址公园为依托的一座大型遗址性博物院，也是以秦始皇陵及其背景环境为主体，基于考古遗址本体及其环境的保护与展示，融合了教育、科研、浏览、休闲等多项功能的城市公共文化空间。

❶ 秦始皇兵马俑博物馆

秦始皇兵马俑博物馆建于 1975 年，于 1979 年正式开放。博物馆是在秦兵马俑坑遗址上建立的，主要参观点包括秦兵马俑一、二、三号坑，铜车马陈列厅，丽山园遗珍及相关临时展览点。

秦兵马俑坑发现于 1974 年，位于秦始皇帝陵以东约 1.5 千米处，是中国第一个封建皇帝秦始皇帝之陵园中一处大型从葬坑，是当代最重要的考古发现之一。兵马俑坑先后发掘了一、二、三号，共计三个坑，三个坑呈"品"字状排列，其中一号坑最大。

小贴士

1.为了保护文物，在博物馆内拍照时，请不要使用闪光灯。

2.若是游览之前没有做好相应的历史文化知识储备的功课，建议先在360度环幕电影院了解一下兵马俑的历史背景，或是在服务台前租用语音讲解机。

一号坑：一个以战车和步兵相间的主力军阵。坑内有 10 道宽 2.5 米的夯筑隔墙，形成南北面阔 9 间，周围绕以回廊的格局，现发掘已出土陶俑 1000 余尊，战车 8 辆，陶马 32 匹，各种青铜器近万件。根据出土兵俑的排列密度估计，一号坑共埋葬兵马俑 6000 余件。

二号坑：在一号坑北侧，平面略呈曲尺形，二号坑的发现揭开了古代军阵之谜，是秦俑坑中的精华。俑坑面积约 6000 平方米，由四个单元组成：第一单元即东边突出部分，由持弓弩的跪式和立式弩兵俑组成；第二单元即俑坑南半部，由驷马战车组成车兵方阵；第三单元即俑坑中部，车徒结合，由车、步、骑兵俑混合编制组成长方阵；第四单元即俑坑北半部，由众多骑兵组成长方阵。四个方阵有机组合，由战车、骑兵、弩兵混合编组，进可以攻，退可以守，严整有序，无懈可击。

三号坑：在一号坑西北，规模最小。俑坑成凹字形，武士俑按夹道的环卫队形排列，象征古代的军幕，是军阵的指挥系统。

秦始皇兵马俑博物馆示意图

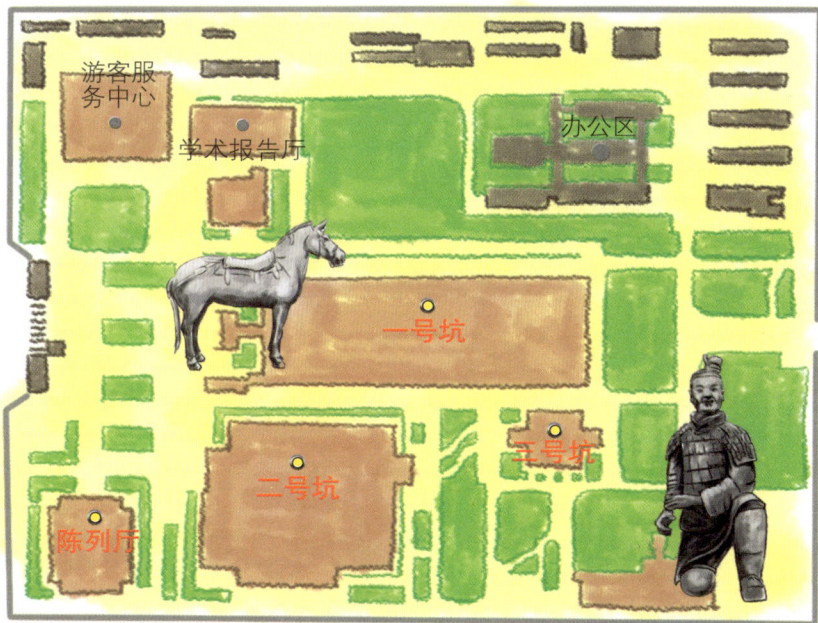

🧑‍🧑‍🧒 亲子研学

其他精品文物

铜车马展厅：1980年12月，在秦始皇陵西侧约20米处发掘了两乘大型彩绘铜车，修复后对外展出。两乘车都是四马单辕，由大小3400个零部件组装而成，其中二号车车长3.17米、高1.06米，铜马高65~67厘米、身长1.2米、总重量1234公斤，是我国出土文物中时代最早、驾具最全、级别最高、制作最精的青铜器珍品，也是世界考古发现的最大青铜器。

丽山园遗珍：即秦始皇陵园出土文物精华展。秦始皇陵园在秦代名为丽山园，丽山园遗珍共精选展出116件文物精品，以点线结合的方式对陵园内发现的城垣遗址、地面建筑遗址、陪葬坑、陪葬墓、修陵人墓、陶窑遗址、石料加工遗址等重要遗迹做介绍及对出土的典型文物做陈列展示。

❷ 秦始皇陵

秦始皇陵，位于临潼区骊山脚下，为中国历史上第一位皇帝——秦始皇嬴政的陵墓，在中国近百座帝王陵墓中，以其规模宏大，埋藏丰富著称于世。皇陵建于公元前246年至公元前208年，历时39年。

皇陵有内外两重夯土城垣，象征着都城的皇城和宫城。陵冢位于内城南部，呈覆斗形，现高51米，底边周长1700余米。秦陵四周分布着大量形制不同、内涵各异的陪葬坑和墓葬，现已探明的有400多个，其中包括举世闻名的兵马俑坑。此外，在陵园东侧，有川流不息的温泉水经过。南面背山，东西两侧和北面形成三面环水之势。"依山环水"正是秦始皇陵最主要的地理特征。

两千多年的岁月沧桑，皇陵地面上的主要遗迹只剩下那座高大如山的陵冢。目前景区内通过栽种植物带勾勒出城垣的轮廓，以及醒目的标识、标牌，行走在景区内可了解到当年城垣的走向、范围和位置。

小贴士

1.秦始皇陵内，陵冢和各个俑坑相距都不远，游客可以通过步行随意参观游览。为了保护文物，秦始皇陵目前已经不允许游客登顶封土堆了。

2.游客往返秦始皇兵马俑和秦始皇帝陵两个景区参观，可免费乘坐景区内的摆渡车，车程约5分钟。

攻略

1.游客在皇陵内还可以去位于东南部的百戏俑坑（又称9901陪葬坑）和封土堆西南侧的文官俑坑（又称0006陪葬坑）进行参观。

2.在封土堆北面的广场，游客还能观赏到极富大秦风韵的《始皇陵畅想》歌舞剧（时间约15分钟），每天上下午都表演4场。

👍 **点赞** @西子 去看看真正的秦始皇的陵墓，放眼全球那气势都是无与伦比的。

③ 秦始皇陵遗址公园

　　秦陵园史称骊山园，因"其阴多金，其阳多玉，始皇贪其美名而葬焉"而得名。秦始皇陵遗址公园坐落在骊山北麓的山前冲积扇上，地势自南向北倾斜，南倚骊山、北临渭水。陵园规模宏大、气势磅礴，是我国古代保存至今最大的帝王陵墓之一。

秦始皇帝陵博物院示意图

吴中○

吴西村○　鱼池遗址○　　鸿门宴遗址

吴东○

○家

府藏坑

○陈王

③

秦始皇陵遗址公园

毛家村○

下焦村○

晏家寨○

便殿遗址

寝殿遗址

临 马 公 路

下河○

西杨○

秦始皇兵马俑
博物馆

①

②

秦始皇陵

○家沟

不明陪葬坑

马厩坑遗址

杀殉墓遗址

上焦家村○

防洪大堤遗址

路

杨家村○

尚家○

上杜○　上张○

它，深埋地下两千多年，一经出土，就震惊世界；
它，体型巨大，又精巧绝伦，栩栩如生，重现了两千年前军队的姿态。

攻略

住宿 驴友力荐的住宿地

　　景区周边住宿选择很多，各个档次的酒店宾馆都有，以高档酒店居多，价格相对较高一些。临潼圣秦商务酒店和临潼金典大酒店是两家离景区较近的酒店，可选择入住。

　　西安兵马俑玖号院：位于秦岭山脉脚下，距兵马俑景区约一千米，距离华清池（长恨歌）约10分钟车程。客栈主要打造了古韵秦朝时期的风格，纯原木装修，配备现代化卫浴系统。

　　西安古秦客栈（兵马俑店）：位于兵马俑秦俑村实田巷3号，酒店紧邻兵马俑商圈，地理位置便捷，环境舒适。

美食 饕餮一族新发现

　　在博物馆360度环幕影馆里有吃饭的地方，但多为常见的快餐；博物馆大门口停车处附近有卖陕西凉皮的饭店，味道很正宗，可以尝试；另外停车场附近还有一些酒店，也可前往就餐。

购物 又玩又买嗨翻天

　　兵马俑复制品在不同的地方价格不一样，质地也不同，最好在正规场所购买兵马俑制品，如兵马俑博物馆商店。

行程推荐 智慧旅行赛导游

　　可先参观秦兵马俑博物馆，然后乘坐摆渡车从骊山园东门进入园区，通过导览图、指示牌、标示标牌、解说系统及用不同类型植物、不同铺装材料标示的遗迹分布范围，了解秦始皇陵园的基本布局与丰富内涵。同时，在秦始皇帝陵封土北面的广场还可观赏极富大秦风韵的"一歌一曲一舞"歌舞表演。

专题 秦俑

高级军吏俑：俗称将军俑，在秦俑坑中数量极少，出土不足十件，分为战袍将军俑和铠甲将军俑两类，其共同特点是头戴鹖冠，身材高大魁梧，气质出众超群，具有大将风度。战袍将军俑着装朴素，但胸口有花结装饰；铠甲将军俑的前胸、后背及双肩，共饰有八朵彩色花结，华丽多彩，飘逸非凡，衬托其等级、身份，以及在军中的威望。

车士俑：即战车上除驭手（驾车者）外的士兵。一般战车上有两名车士，分别为车左俑和车右俑，车左俑身穿长襦，外披铠甲，胫着护腿，头戴中帻，左手持矛、戈、戟等长兵器，右手作按车状。车右俑的装束与车左俑相同，而姿势相反。

立射俑：在秦俑中是一个较为特殊的兵种，出土于二号坑东部，所持武器为弓弩，与跪射俑一起组成弩兵军阵。立射俑位于阵表，身着轻装战袍，束发绾髻，腰系革带，脚蹬方口翘尖履，装束轻便灵活。

跪射俑：与立射俑一样，出土于二号坑东部，所持武器为弓弩，与立射俑一起组成弩兵军阵。跪射俑身穿战袍，外披铠甲，头顶左侧绾一发髻，脚登方口齐头翘尖履，左腿蹲曲，右膝着地，上体微向左侧转，双手在身体右侧一上一下作握弓状，表现出一个持弓的单兵操练动作。

武士俑：即普通士兵，作为军阵主体，在秦俑坑中出土数量为最，依着装有异分为两类，即战袍武士和铠甲武士。战袍武士俑大多分布于阵表，灵活机动；铠甲武士俑则分布于阵中。两类武士皆持实战兵器，气质昂扬，静中寓动。

军吏俑：从身份上讲低于将军俑，有中级、下级之分。从外形上看，头戴双版长冠或单版长冠，身穿的甲衣有几种不同的形式。军吏俑除了服饰上与将军俑不同外，精神气度上也略有差异，军吏俑的身材一般不如将军俑体魄丰满魁伟，但整体上比较高大，双肩宽阔，挺胸伫立，神态肃穆。

骑兵俑：出土于二号坑，有116件，多用于战时奇袭。由于兵种的特殊，骑兵的装束显然与步兵、车兵不同，他们头戴圆形小帽，身穿紧袖、交领右衽双襟掩于胸前的上衣，下穿紧口连裆长裤，脚蹬短靴，身披短而小的铠甲，肩上无披膊，手上无护甲。

御手俑：为驾驶战车者，在三座俑坑中均有出土。他们身穿长襦，外披铠甲，臂甲长及腕部，手上有护手甲，胫着护腿，脖子上围有颈甲，头上带有巾帻及长冠，双臂前举作牵拉辔绳的驾车姿态。

第5章
西安
郊区

终南山森林公园
太平国家森林公园
楼观生态文化旅游度假区
关中民俗艺术博物院
白鹿原
西安半坡博物馆

西安深度游
Follow Me
★ ★ ★
你旅行的引导者

终南山森林公园

天下第一福地

门票和开放时间

门票：翠华山65元；南五台淡季25元，旺季45元。

开放时间：重阳宫周一至周五8:30~17:00，周末8:00~17:00。翠华山9:00~17:00，南五台山、活死人墓全天开放。

最佳旅游时间

春秋两季是游览终南山的最佳季节。届时可以看到壮观的双瀑、美丽的天池，这个时候观赏也为最佳季节。

进入景区交通

位置：西安市长安区，距西安市中心约23千米。

交通：1.可在地铁2号线韦曲南站换乘729路公交到太乙镇，然后换乘905路公交前往翠华山，也可打车直接上山。

2.前往南五台，可在市内乘坐环山旅游专线2号线直接到达南五台，景区正门离山上的景点还有10千米左右的路程，可徒步上山，抑或搭车到达景点。

景点星级

人文★★★   特色★★★   休闲★★★   美丽★★★★   浪漫★★   刺激★★

攻略

南朝古迹：昭明太子萧统读书台和增华阁建于山腰，为小巧平房三间，内有石案一块，长约1.3米，宽约半米，厚约10厘米，为太子伏案处。读书台北还有济祖殿，藏有出土文物，如元氏五蝠（福）捧寿大型碑刻和明代重修招隐寺碑记；读书台右边为增华阁，是当年昭明太子编辑文选的地方。

走玄关：玄关是游览冰、风二洞必经之地，两块巨石耸立，相隔咫尺，天成一线，上有一小桥，行人至此，昂首而望，有天门之感。

终南山又名太乙山，是秦岭山脉的一段，素有"仙都""洞天之冠"和"天下第一福地"的美称，寿联"福如东海长流水，寿比南山不老松"中的南山指的就是此山。其主峰终南山海拔约2604米，是我国山崩地质作用最为发育的地区之一。终南山森林公园划分为南五台、翠华山、石砭峪和罗汉坪四个景区，共有景点、景物200多个，而翠华山国家地质公园则是终南山国家森林的重要组成部分。

楼观台是终南山最有名的地方，这里是老子写《道德经》，并向弟子函谷关令尹喜说经的地方。重阳宫在终南山北麓，鄠邑区（户县）境内。据说就是金庸先生武侠小说中提到的王重阳居住的地方。活死人墓在距离重阳宫约2千米路程的成道宫内，相传就是王重阳修道练功的地方。

1 南五台景区

南五台因山上有清凉、文殊、舍身、灵应、观音五台，又位于古长安城南，故而得名南五台。其山形峻峭，峰峦重叠，森林茂密，风景极为秀丽，古人称它为终南神秀之最。在构造和山崩作用下形成孤峰独秀的送灯台、屈腿静卧的犀牛石、峻拔凌霄的观音台、势若天柱的灵应台、如虎长啸的老虎岩等，可谓是"构造地貌博物馆"。

观音台又称大台，是五台中最为著名的一座，位于独松阁之上，有隋国光寺遗址。此台视角开阔，北眺八百里秦川，令人胸襟为之一开，心旷神怡。宝泉位于山腰，形如美玉，味似甜蔗，为品茗休憩之佳地。独松阁亦位于山腰，因阁中有一株古松，故得此名，阁四周鸟语花香，景色如画，为览胜之佳地。

南五台示意图

145

南五台庙会：南五台的庙会持续时间较长，从农历六月初一到十九，庙会期间四邻八乡的众多信徒，翻山越岭到山上各个寺庙进香、膜拜。为来年祈福、保平安是庙会的主题，寺里会给众信徒准备膳食，山上各寺庙的僧侣还会进行其他佛事活动。

2 翠华山景区

翠华山以"终南独秀"和"中国地质地貌博物馆"的赞誉而著称。山上名胜古迹众多，自然风光优美，山崩地貌奇特，集山、石、洞、水、林、庙于一体，是历代帝王祭祀神仙和游乐避暑之所。景区由碧山湖、天池和山崩石海三部分组成，主要有翠华天池、山崩石海、小冰洞、鹰崖珠帘、盘道红叶、双瀑飞虹等景点。

翠华山还是植物区系的交汇处，这里不仅有国家重要保护的珍稀濒危木本及草本植物十余种，而且从翠华山至终南山主峰林带层界分明。南坡植株低矮，皆为草甸；北坡杜鹃成林，三、四月杜鹃花开则红霞蔽日，尤为壮观。最奇妙的是山上的墨松，南侧枝干突兀，北侧枝繁叶茂，羚牛、羚羊经常出没此处，让人感受到大自然的美妙情趣。

点赞 👍 @十七岁的雨季 当初只是为了爬山而来，没想到山上风光无限好啊。上山的路分成两条，一条是经十八盘上去，另一条是经山崩奇观上去，再下去到天池。秋天去的，景色很秀丽。

观石海：崩塌石海中石块巨大，多集中分布在翠华峰、甘湫峰和大坪。石海内著名景点有剑石、玉兔醉卧、通灵玉玺等，极富阳刚之气。另外，崩塌石海在山崩过程中因石块崩落相互欹嵌，形成了上百个洞穴，有天洞、冰洞、蝙蝠洞等，其中冰、风二洞最让人称奇。

逛庙会：每年农历六月初一，翠华山会举行翠华姑娘庙会，届时前往山中的香客人数会比平时多出很多，很是热闹。

👪 亲子研学

翠华山堰塞湖

堰塞湖是指由山崩倒塌堵塞而形成的湖泊。翠华山有三处：第一处在甘湫池，位于甘湫峰下，面积约0.2平方千米，由于水源不足严重渗漏成为干涸之湖，故名甘湫池；第二处在大坪，现由于泥沙堆积，湖已被冲积填平，故名大坪；第三处在水湫池，山体崩塌堵塞太乙河形成，又名天池、澄源池、太乙湖等。水湫池素有"秦岭明珠"之称，是秦岭七十二峪唯一一处堰塞湖，游客可在湖内划船、垂钓等。

翠华山示意图

老君庙

碧山湖

竹石槽　竹石槽

西坪　遇仙桥

东坪　跃进石

老君殿　天池食坊

蝙蝠洞　翠仙宫　翠华姑庙

天洞　天池

冰风洞　池尾子

攀岩基地

龙涎窝瀑布

燕儿窝　东西沟

碾子沟　张家

盘底下

秦

三鹰守关　岭

鸳鸯石　生

态

观

犀牛戏水　光

双龟戏水潭　区

西木栖

将军挡关

金童戏水

九天瀑布

❸ 石砭峪景区—罗汉坪景区

石砭峪位于南五台西侧，古时以谷口有巨石如鳖得名石鳖谷，又叫石壁谷、石鳖峪，后谐音今名。山谷中有石砭峪水库，是垂钓、荡舟的好去处。库里的水很绿，很纯净，有人说它像情人的眼泪。眼泪一遍遍冲刷着岸边的黄土，形成了一道道漂亮的褶皱。

罗汉坪位于石砭峪河上游，植物种类繁多，有种子植物 100 余科、1300 多种，药用植物 486 种，野生花卉及观赏植物 300 多种。另外，还有羚牛、金钱豹、青羊、林麝、大鲵、杜仲、天马等多种国家重点保护的珍贵野生动物。整个景区营造出了丰富的自然野生物景观。

点赞　👍 @修仙道人　如果想垂钓荡舟，那这里再合适不过了。石砭峪水库很壮观，而罗汉坪则堪称是植物的海洋。

❹ 蓝田汤峪温泉

汤峪温泉西接终南翠华山，地处汤峪温泉的塘子村，这里青山环抱，谷幽林秀，湖光倒映，草深鱼跃。汤泉瀑布，青山环抱之中，西沟小溪穿院而过，建筑典雅别致，空气清新，恬静无噪，花木锦簇，景色优美。

汤峪温泉早在唐代的时候就很知名，"桃花三月汤泉水，春风醉人不知归"，是古都长安的名胜之一。温泉水使这里成为吸引城郊老年人来此地休闲养老的理想之地。这里水质含几十种对人体有益的矿物质，故有"桃花水""功德水""神水"之传说，被誉为"天下第一泉"。

走入终南山的怀抱，虽寻隐者不遇，却沉醉于云雾缭绕、千峰叠翠的美景中。

⑤ 重阳宫

　　重阳宫在终南山北麓，鄠邑区（户县）境内。相传就是金庸先生武侠小说中王重阳居住的地方。重阳宫是道教全真派祖师王重阳修真悟道及遗蜕归葬之所，为我国道教全真派的三大祖庭（北京白云观、山西永乐宫、陕西重阳宫）之最。金代即有"天下祖庭"之称，历来享有"全真圣地"之盛名。

　　重阳宫内保存着80余通有关道教全真派历史的碑石，总体建筑仍保持宫廷式明清风格，单体建筑继承元代高台式风格，气势宏伟，凸显道教祖师的尊严。东西两侧分为碑林观赏、重阳墓祭拜、悟真堂、戒台、养生堂及道众生活等区域，配合山石水秀、曲桥、竹影、松涛古柏、蓬莱夕照等，形成令人遐想联翩的人间仙境。

攻 略

住宿　驴友力荐的住宿地

　　景区内有天池度假村等住宿点。由于距离市区较近，住在西安市内也很方便。

　　西安金泰酒店：位于祖庵镇东一街9号。酒店提供的休闲设施，旨在为旅客营造多姿多彩、奢华完美的住宿体验。附近有很多景点，包括重阳宫和活死人墓。

美食　饕餮一族新发现

　　翠华山景区附近的农家乐数不胜数，可以在此吃到最正宗的当地特色菜肴。推荐山妹农家乐和乡村风味农家乐，这两家农家乐离景区最近。

　　景区内也有小吃一条街，主要提供各种小吃，可以让热爱美味小吃的游客大饱口福。

购物　又玩又买嗨翻天

　　景区内能购买到农民画、剪纸等民俗纪念品，也能够买到猕猴桃、山楂、柿子等水果特产。

太平国家森林公园

鲜花与瀑布的世界

微印象

@马拜仁 瀑布很多，风景很美，尤其是鹊桥仙瀑布，绝对称得上奇秀壮观，建议夏季的晴天去爬山。

@天涯海角 环境蛮不错的，有山有水，不过没有看到所谓的彩虹，应该是没有找对位置。不过看到了别人拍的彩虹照片，很美，偶尔爬爬山锻炼锻炼还是不错的。

门票和开放时间

门票：旺季（3~11月）60元，淡季（12月至次年2月）40元。

开放时间：9:00~16:00。

最佳旅游时间

春、夏、冬三季为佳。春天漫山遍野一片花海，夏季看瀑布飞流直下，寒冬可观雾凇、冰瀑等奇观。

进入景区交通

位置：西安市鄠邑区太平峪内。

交通：在大雁塔广场乘坐环山旅游1路车，在太平森林公园站下可达。

景点星级

人文★★　　特色★★★★　　休闲★★★　　美丽★★★★　　浪漫★★　　刺激★★

太平国家森林公园所在的太平峪中山水景观奇特，多瀑布、急流、险滩。这里曾是唐王朝权贵观花避暑的山水乐园，园内有苍劲古老的落叶松原始森林、顶风傲雪的红桦纯林、天然分布的万亩紫荆，春季争奇斗艳，漫山遍野一片花海，现已成为西安后花园一颗璀璨的明珠，是一片鲜花与瀑布的世界。

太平国家森林公园有石门、月宫潭、石船子、黄羊坝、桦林湾五大景区近百个景点。景区自然山水独特，共发现大小瀑布十二处，瀑布最大落差百余米，主要分布于园内2.5千米范围内，形成瀑布群，是中国北方独一无二的自然景观，被游客誉为北方的九寨沟。

攻略

摄影：冬季游太平国家森林公园也别有一番韵味，这时河水、瀑布都已结冰，还有雾凇、冰瀑等奇观，是摄影的好时候。

赏花：公园内有一处天然的万亩紫荆花海，每年的4月，整个景区漫山遍野开遍了天然的紫荆花，鲜艳绮丽，花香扑鼻。

太平国家森林公园示意图

石船子

翠嶂涌日　牛鼻洞　龙洞

月宫潭景区

索道上站

爽水潭　❷

印池　　　　　沐心湾　雷风瀑布　❸

悬丝架　　日月潭

印石　　念珠潭　　索道下站　　黄羊坝景区

　　　三幽潭　钟潭瀑布　龙口瀑布

月宫潭　伏牛滩　滟水峦　卧虎口

封仙潭

贵妃出浴

情侣滩　黄金铺道

步道入口

依山佛

龙脊岭　樱桦峰　❶

石门　石门景区

售票处

太平口

① 石门景区

石门景区以欧阳询题字的巨石"石门"而得名，这里怪石嶙峋，山回路转，巨石形态各异，从而形成了一个个栩栩如生的景观。沿路而行，两山夹峙，悬崖陡峭，清流之畔，野花送香。

景区内还有著名的条带状混合岩，属于秦岭群混合岩。混合岩中有多期岩脉发育，这些脉体常形成肠状褶皱、无根褶皱、石香肠、构造透镜体等，形态多变，构成多种轮廓清晰的象形图案景观，如贵妃出浴、神羊除霸、奔马、石松等景观，观赏价值极高。

点赞 👍 @日光老人 石门景区有很多石景，形态特别逼真。将军峰和依山佛十分壮观，带给我很强的视觉冲击。

② 月宫潭景区

月宫潭景区北起清水岔，南到头道岔，沿途河道陡狭，急流曲折，深潭相串，巨石伏水，树木茂密，峰形雾景，突现了峡谷、清流和原始森林巧妙组合而成的自然景观，给人以幽静、深邃和神秘之感。

月宫潭的潭水清澈，深不见底，北侧石崖上有一直径约5米的石洞，形如满月，半没潭中，光影迷离，恰似水漫月宫，故称月宫潭。景区还有印石、印池、龙洞和悬丝架等景观。

点赞 👍 @天狼 漫步月宫潭景区，可看山看水看石。我们去游览的那天，游客不多，所以景区显得特别安静，更显神秘。

❸ 黄羊坝景区

黄羊坝景区内流水萦回，山花烂漫，清香溢远，且道路曲折，地形有开有合，石景、崖（岩）景、林景各具特色。

景区内最著名的景点要数八瀑十八潭了，这是我国北方独一无二的自然景观。从沙岭子到彩虹瀑布，全长约 4.7 千米。其中最具特色的有彩虹瀑布、玉带飞瀑、仙鹤桥瀑布、龙口飞瀑等。水流顺巨石喷溅而下，四散的水花由于阳光的反射和折射形成一道道彩虹。

点赞 👍 @映山红 来太平森林公园必到黄羊坝，来黄羊坝必看瀑布。这里的瀑布，每个都极具特色，非常壮观优美。除了瀑布，景区内其他景点也很多，绝对值得一去。

攻略

观看彩虹瀑布：彩虹瀑布很神奇，能从海拔近2千米的地方流下来，只能用"黄河之水天上来"这一诗句形容了。但要想看到彩虹，最好是在12:00前到达山顶，否则就看不到了。

❹ 桦林湾景区

桦林湾景区内分布着成片的天然红桦林，使景区呈现出"远看一片绿，近观一片红"的奇特景象。而随着海拔的升高，景区内又会满山遍野分布着杜鹃奇花，每年的 5、6 月份，鲜花盛开，形成了一道美丽的风景。

点赞 👍 @戏子人生 走进桦林湾，就如同走进一个鲜花的世界，美不胜收。喜欢杜鹃花、喜欢自然景色的朋友一定不要错过这里。

楼观生态文化旅游度假区

问道楼观

微印象

@上邪 得益于秦岭山脉，西安有好多的森林公园，楼观台这边很不错，还很有道家文化的氛围。

@糖果豆豆 国家级的森林公园，面积巨大，植被茂密。爬山虽然费力，可是看瀑布还是挺享受的！

门票和开放时间

门票：景区联票140元。楼观台45元，财神庙、延生观免费。

开放时间：9:00~18:00。

最佳旅游时间

四季皆宜。春天，这里层山绿秀，嫩柳含烟，百花争艳；炎夏，这里群山凝翠，苍山秀水，清爽宜人；金秋，这里层林尽染，满山红遍，美不胜收；隆冬，这里三友斗雪，涉趣无尽。

进入景区交通

位置：西安市周至县楼观镇楼观台，距西安约70千米。

交通：旅游专线：在市区内乘坐环山旅游1号线可到（在大雁塔北广场发车点现场购买门票，即可凭票免费往返乘坐）。

景点星级

人文 ★★★★　　特色 ★★★　　休闲 ★★　　美丽 ★★★★　　浪漫 ★★　　刺激 ★★

楼观台得名于周代，古代圣哲老子曾在此著《道德经》五千言，并在楼南高岗筑台授经。周边道观不少，道家文化浓郁。基于楼观台打造的楼观生态文化旅游度假区，位于秦岭北麓，东西绵延数千米，包括赵公明文化景区、终南山古楼观历史文化景区、宗圣宫遗址、延生观景区、化女泉景区、曲江农业博览园、田峪河公园和丝路文化园等景区。

① 终南山古楼观景区

终南山古楼观景区是在古楼观景区的基础上而建。古人云："关中河山百二，以终南为最胜；终南千峰耸翠，以楼观为最佳。"真实地反映了楼观台丰富的自然景观和众多的人文景观价值，素有"天下第一福地""洞天之冠""道源仙都"的美誉。

景区以说经台为核心，以道家思想中的"经一至九，九九道成"为文化内容，总体布局形成"一条轴线，九进院落，十大殿堂"，是一个集文物博览、旅游观光、老子文化节、道文化交流等为一体，同时以自然生态保护为主的著名旅游胜地。

景区建筑为明清风格依山而建，文化区内各大殿集中供奉了道教三清尊神、四御尊神、民俗众神及道教宗师等各路福神，形成了全球规模最大的道教宫观，充分彰显了"道源仙都"的大道气魄。

宗圣宫位于古楼观西侧，由于老子曾在此讲述《道德经》而享有崇高的地位。现有三进殿宇，还有著名的老子手植银杏。

楼观台国家森林公园位于古楼观南部，两个景区可贯通游览。这里地处北秦岭东褶皱带，石峡深邃，幽谷含秀，水景多变，植被丰茂，呈明显的垂直带状分布。公园包括东楼观、西楼观、田峪河、首阳山四大游园。东楼观游园内有我国北方纬度最高、规模最大、品种最多的竹类品种园——百竹园，有抢救繁育国宝大熊猫、朱鹮、金丝猴、褐马鸡、金毛扭角羚等珍稀野生动物的珍兽馆。

点赞 👍 @蝎子摆尾 说经台是老子讲授《道德经》之地，周边翠竹环抱，古木参天，还有很多古碑碣石，非常值得一看。

攻略

参加活动：楼观道教文化区活动众多，这里每年会举行老子公祭仪式，五年一大祭，组织仿唐皇家祭祀活动；另外还有富有地方特色的庙会及不同层次、多种形式的老子思想、道家文化研讨会。

参观展馆：蔡志忠国学艺术馆很好地将中国传统优秀文化与时尚漫画大师蔡志忠先生的漫画融合在一起，艺术馆内会有国学漫画精品展示及不定期的国学讲座。

② 化女泉景区

化女泉景区以老子点化徐甲的故事为基础，融合了女子养生、品泉文化、道茶文化等内容，是中国泉文化渊源展示地及中国茶文化体验地。

景区主要由三大广场和五组建筑组成，三大广场分别是：凤舞广场、品泉阁广场和化女泉广场；

五组建筑主要有山门、竹里馆、品泉阁、鑫盛坊和庙宇区。整个景区中还点缀以老子徐甲殿、化女雕塑、老子手杖涌泉、碑亭等人文景观，营造出道家文化氛围，游客在游览的同时，可以感受到博大精深的道茶文化。

链接　化女泉的由来

相传老子将吉祥草变化为美女，借以考验弟子徐甲是否修道心诚，徐甲动凡心后，老子勃然大怒，以杖杵地，地下霎时出现清泉，徐甲有所领悟，深受教育终而得道，后人因此将此泉命名为化女泉。

③ 延生观景区

延生观景区以唐代玉真观遗迹为核心，曾称玉真祠、升仙台，是唐玄宗胞妹玉真公主出宫入道的地方，也是玉真公主为父母和大唐江山延生祈福的地方，寓意天下所有人长生不老。延生观在宋代曾被整修扩建，到了明代仍很兴盛。历史上很多文人学士曾来此游览，李白、王维、苏轼等曾在此留下了许多诗篇、故事和逸闻。

景区内建筑依山势而建，坐南朝北，采用了唐代古建风格与制式，让整个景区看起来金顶朱柱、雕梁画栋、色彩鲜艳、气势恢宏。

④ 赵公明文化景区

赵公明文化景区以中华正财神赵公明故里和财神历史传承为核心，系赵公明缮祀的祖庙。财神殿是赵公明财神文化景区的核心建筑，大殿高 34 米，共有四层。大殿第四层为供奉正财神赵公明的主殿，第三层为祈福朝拜区，第二层为多功能的财神文化展示区，第一层为剧场。在大殿第一层还设有财神文化区商品主题概念店。

点赞　👍 @舍瓦 景区内的财神文化氛围十分浓郁，走在景区里，耳边时不时可以听到神秘的众神传说，来到这里的人们都会祈福以求来年财运滚滚。

攻略

景区内有店铺可以买到当地各种工艺品，还可以买幅财神年画，把财神请回家。

景区内的小剧场每天会演出《道·梦空间》，其通过现场的情景化创新，利用高科技手段创造意外的视听震撼，运用多媒体技术表达及扩展文化内涵，让人们在剧情转变的快节奏中，体验高新手段引导的感官刺激。

楼观生态文化旅游度假区示意图

赵公明
文化景

游客服务中心

御菊庄园
百亩葵园
薰衣草
庄园
玫瑰
庄园

田峪河
公园

环山公路

田峪河

丝路文化园

老君庙

宗圣宫
古楼观
终南山

秦岭四宝
科学公园

王母宫

化女泉

药王宫

老子墓

延生观

大秦寺

3

6

2

1

楼观台
国家
森林公园

⑤ 曲江农业博览园

　　曲江农业博览园占地约 39 万平方米，其上栽植有 27 种灌木、34 种草木，共计 60 余种植物。

　　博览园由特种蔬菜瓜果展示、珍奇花卉展馆、未来农业技术展示、无土水培技术展示、大型阳光生态餐厅等组成。将高科技农业示范与观光旅游有机结合，是游客能够接受休闲科普推广及参观经营的现代农业博览园。

攻略

　　农业博览园区和示范区活动众多，主要有季节性主题活动：利用不同节令植物现象，开发薰衣草、向日葵等主题旅游；李时珍之旅：对植物的认知学习；开发植物手工坊；体验植物枝叶果实加工；植物科学夏令营：由认知、采摘、标本制作等环节组成。

⑥ 大秦寺

　　大秦寺为一座安静无墙的小院，有五间西屋，三间南屋，院内梧桐繁茂。寺内现有一座七层六方形砖塔，塔顶有唐代耶稣和圣母的泥塑像，还刻有叙利亚文字。塔旁有一通石碑，即是赫赫有名的"大秦景教流行中国碑"。此碑立于唐建中二年（781 年），上有楷书三十二行，行书六十二字，共 1780 个汉字和数十个叙利亚文字。该石碑真品现保存在西安的碑林。

江农业博览园

⑤

岭国家植物园

住宿　驴友力荐的住宿地

　　景区周边建有各类大小的招待所、酒店十多处。由于景点离市区不远，也可返回市区居住。

　　西安楼观印象酒店：位于西安市周至县中国道文化展示区，楼观台正对面，地理位置优越，交通便利。酒店是集住宿、餐饮、会议为一体的休闲养生度假酒店。

　　周至楼观·彦良酒店：位于楼观台老十子附近，周边环境幽雅，吃住方便，距离公交站100米左右，交通方便，距离楼观台景区百十米。房间都设有独立卫生间，无线网络开放，价格合理。

美食　饕餮一族新发现

　　公园不远处有楼观台叮当羊肉馆和楼观台驿站，而景区外也有重庆石锅鱼、西安泡馍馆等餐馆，可以满足不同口味的游客的需求。

　　财神庙大戏楼后的财神街有许多特色餐馆，主要美食有辣子锅盔、黑河烤鱼、洋芋糍粑、翠峰饦饦等。

娱乐　城市魅力深体验

　　楼观中国老子文化节：于每年正值踏青时节的春季举办。不仅有迎财祈福大典、集贤鼓乐表演等一系列原汁原味的民俗文化活动，还有温泉体验、养生美食、公益植树等近百场精彩活动。同时，正值盛开的万亩油菜花海更是一个休闲、娱乐、拍照的好去处，能让人深深感受到楼观独特的人文魅力。

　　新春民俗庙会：于每年春节期间举办。庙会以来楼观、闹新年、拜财神、看民俗非遗展演等活动为亮点，将中国传统文化与地域性民俗文化有机融合为一体，塑造具有楼观特色的庙会文化，实景还原地道的民俗庙会场景。同时还融入民间特色风味小吃、互动式娱乐体验、民俗绝技表演，年味十足。

关中民俗艺术博物院

明清关中民居

@嘟爸爸 秦岭山脚下的关中民俗博物馆值得一去，恢宏的明清宅院，华丽的石雕砖雕，精美的民俗文物，更有八千多个古朴神秘的拴马桩散布其中。

@本心 来了才知道什么是雕梁画栋，什么是庭院深深几许。民俗博物馆的景色很震撼，一砖一瓦都充分体现了每一段历史时期的大户人家的兴盛衰败，精美的建筑让人穿行其中流连忘返。

@莱恩–Lion 博物院建设突出明清园林建筑风格，这些院落的一砖一瓦，再现了古建筑原来的历史风貌。宏伟壮观的建筑，深邃幽静的院落，参天的古树，质朴纯正的华阴老腔，制作精美的雕塑，拴马桩、字画、拓片等，都让人浮想联翩，回味无穷。

门票和开放时间
门票：120元。开放时间：冬季8:30~17:00，夏季8:30~18:00，周一不开放。

最佳旅游时间
四季皆宜。

进入景区交通
位置：西安市长安区五台古镇南五台山路1号。
交通：乘地铁2号线到韦曲南站，再换乘338、730路公交车在关中民俗艺术博物院下车即可。

景点星级
人文★★★★★　　特色★★★★★　　休闲★★★　　美丽★★　　浪漫★　　刺激★

关中民俗艺术博物院坐落于南五台山脚下，建筑整体呈明、清园林风格，古朴典雅，气势恢宏。博物馆本身就是一个关中古民居建筑群——40院古民居，连同数座高大的门楼，这些都是博物馆创立者王勇超先生历经二十多年，一砖一石精心编号，从关中各村镇迁移复建起来的。

馆内收集了历代的民俗物品，其中最引人注目的是明清古民居、戏楼、店铺和门楼等古建筑，还有八千多根石雕拴马桩。这些拴马桩或人或兽，神态各异，有的是花重金收购的，有的是从猪圈甚至是茅厕里抢救出来的，如今它们能形成现在的阵势实属不易。

1 赵家门楼

赵家门楼呈"品"字形，门洞中开，两边附带侧门，整个门楼高大雄伟。中门为巨幅石门，两边楹联为：台仰怀清清辉一片镰峰月，门高通德德泽千尺金水波。门楼正面饰有大量精美的石雕、砖雕图案，正上方石匾刻有"地通乾元"，使原本高大雄伟的门楼显得更加辉煌壮观。中门入口正对的是赵家门楼影壁，影壁正中是一块砖雕，雕刻一只蹲卧的麒麟，麒麟回头看着身后上方的太阳，构成了一幅"麒麟望日图"。

2 西京雄镇

西京雄镇城门楼的门洞上方镶有"大明崇祯十三年西京雄镇"石匾额。城门楼的大门为两扇铁门，门洞之上雕刻百姓生活图案的砖雕，有肩挑重担的劳力，有占卜测字的卦师，有外出购物的游人，有乘轿骑马的显贵，画面人物栩栩如生，一派繁荣景象，被誉为"民间的清明上河图"。

小贴士

博物院内道路两旁有40多座明清时期的宅院、店铺、戏楼等古建筑，也都是从陕西各地拆迁到这里重建的。这些建筑各有特色，飞檐斗拱，做工非常精美。

3 梨园

梨园门前的卧兽门墩石上铭文"泰定元年正月吉日立",园内建筑物上的砖雕、石雕图案极其精美,正上方石匾刻有"梨园",石匾上方为戏剧人物图,此砖雕画面分为左中右三部分,和戏台演出密切配合,遥相呼应。

戏楼正门浮雕人物图案石门,其左图的故事名为"死诸葛吓走活仲达";右图的故事名为"苏武牧羊"。两侧门框正面由上而下浮雕山间群狮图,园内演戏楼和看戏楼多采用木质材料建造,雕刻着精美的木雕、砖雕,并使用了大量彩绘装饰,颇有立体感。

👍 **点赞** @本心 园内各处种满了花草竹木,房子里是老式家具和日用品的展览。而且正好赶上春节,梨园有华阴老腔的艺术表演,该表演嗓音浑厚,乡音浓郁,是原汁原味的民俗经典。

4 阎敬铭宅院

阎敬铭宅院布局对称,院内石雕、砖雕、木雕内容丰富,颇具气象。上房为七间大殿,主殿门楣上雕有龙凤呈祥、金蝠献瑞等吉祥图案,雕梁画栋,图案与镂空木雕的映衬,虚实结合,融为一体,体现出了关中民居的大气磅礴。大殿两侧的马头墙,又称"封火墙",主要功能为防火防盗,墙体砖雕细致精美,是宅主人身份与地位的象征和体现。

住宿 驴友力荐的住宿地

　　博物馆靠近终南山，位于南五台山脚下，距离市区也不远，可以选择宿在市区。附近终南山下有很多农家乐，吃喝玩乐一应俱全，住宿还是非常方便的。

　　西安诺言凤庭民宿：位于长安区五台街办星火村三组往子桥，南靠五台山，东临关中民俗博物馆，西接千年古寺弥陀寺。茶室、古琴、棋牌、餐饮于一体。可聚会、团建、会议，清晨醒来，山雾缭绕，颇有禅意。

　　西安每天酒店：位于太乙宫街道中区10号，这里依山傍水，空气清新，环境优美。酒店基础设施齐全，干净整洁。

美食 城市魅力深体验

　　博物馆附近的翠华山有水湫池小吃一条街，主要提供各种小吃，附近还有数不胜数的农家乐，要品尝正宗的当地特色菜，当然要选择这里。

白鹿原

关中风情　兵家要地

@奋斗的小青年 说起白鹿原，大家印象最深刻的应该就是那部小说《白鹿原》吧。这里环境比较独特，海拔比较高，而且这边的风土民情比较有特色，可以一逛。

@追逐梦想 白鹿原很大，地理位置不错，所以是古代兵家必争之地，景区安全措施做得也比较到位。

门票和开放时间

门票：免费。开放时间：全天开放。

最佳旅游时间

春暖花开的3~5月和秋高气爽的9~11月是白鹿原的最佳旅游时间，冬季白雪覆盖时的白鹿原犹如小说中的场景再现，还有滑雪场值得一玩。

进入景区交通

位置：西安市灞桥区，距西安市中心约15千米。

交通：乘坐241路公交在白鹿仓旅游景区站下。

景点星级

人文 ★★★★　　特色 ★★★　　休闲 ★★　　美丽 ★★★　　浪漫 ★★　　刺激 ★★

　　传说中白鹿原因有白鹿出现而得名，根据《后汉书·郡国志》载："新丰县西有白鹿原，周平王白鹿出。"《水经注》《太平环宇记》也有记载："平王东迁时，有白鹿游于此原，以是名。"白鹿原历史悠久，文化底蕴深厚，民风淳朴，钟灵毓秀，人杰地灵，是一片美丽神奇的沃土。

　　白鹿原自然环境独特，东南依山，三面环水，虎视十三代古都西安，自古是兵家必争之地，历代王朝长治久安的天然屏障。白鹿原历史文化积淀深厚，是古代金、元、羌等民族杂居及其与汉文化融汇之所。民风淳厚，传奇色彩浓烈。

解说

　　著名作家陈忠实以白鹿原20世纪前半期为背景创作的小说《白鹿原》，获第四届茅盾文学奖，并于1999年被人民文学出版社评选为"华人百年百部文学作品第一名"。小说将白鹿原的风土人情、民俗文化推向了世界，勾勒出一部雄奇的白鹿原史诗，描绘出一轴波澜壮阔的白鹿原画卷，奠定了白鹿原民俗风情旅游的基础。

1 白鹿原风情旅游区

　　景区地处白鹿原腹地，鲸鱼沟中上游，风成黄土堆积台原面积约263平方千米，海拔高于西安300多米。白鹿原地下水蕴藏丰富，水质甘洌甜润，空气清新，天空湛蓝，四季分明，是紧临大都市西安但无都市污染的一块净土。

2 西园

　　西园位于白鹿原狄寨街办鲍旗寨村，园内种植的各类观赏树多达20余种，一年四季均有鲜花争相开放，还种有樱桃、葡萄、核桃、水蜜桃等经济作物。果实成熟期，游客可以进园采摘，充分享受游园的乐趣。

园内有著名的汉薄太后南陵，薄太后陵封土形似复斗，陵前现仅存有清代陕西巡抚毕沅所立石碑，上书"汉薄太后南陵"六字。园内广场上耸立着著名作家陈忠实书写着"白鹿原"三个字的纪念碑，广场南面则由原来的坡地改造成了游园。

园内大面积的植被覆盖有效地改善了白鹿原的生态环境，提高了空气质量，是现代都市稀缺的天然氧吧，更是体验园艺农事、感悟民俗、追忆历史的好去处。

链接　薄太后

薄太后，汉会稽吴县（今江苏常州）人，汉高祖刘邦妃，汉文帝刘恒之生母，生年不详。薄姬楚汉年间是魏王魏豹的妃子，曾有著名的相士预言她将生天子，于是魏豹心中窃喜，背汉联楚，后来被汉所灭，薄姬被刘邦收入宫中。汉文帝刘恒继位后，尊之为皇太后。

③ 鲸鱼沟

鲸鱼沟位于白鹿原狄寨镇南约2千米处，是由两座相连的水库构成的人造湖泊。湖面波光粼粼，两岸山峦耸立，林木葱郁，优美的湖光山色，使人如入仙境。入口处有一约17米长的鲸鱼雕像，头上喷水高达8~9米，是游人留影的好地方。

风景区内地貌复杂多样，既有典型的北方黄土地貌，又有南方山水的灵秀。自然及人工形成的湖泊，飞流直下的瀑布，层层山峦，川谷深远，松柏翠竹，奇花异草，关中民间窑洞错落塬壁，古风遗韵萦绕，沟谷纵横其间，半岛随处可见，南岸地势陡峻，北岸阳面平缓柔和，平台众多，是不可多得的休闲避暑胜地。

点赞　👍 @小北要长高 来鲸鱼沟一定要选天气好的时候，它会给你世外桃源般的感觉，成片的竹林，湖也很漂亮。夏天来最好，可以钓钓鱼，体验下大自然。很多人来这里拍婚纱照，油菜花也很美。

④ 白鹿仓

白鹿仓位于古城西安著名的白鹿原上。景区建筑多以民国初年为大时代背景，以白鹿原地区的生活、民俗等为文化根基。这里既有各种民国建筑，也有各种特色美食。

白鹿原古街是根据小说中描绘的古街原貌再现，原汁原味地展现了白鹿原特有的魅力。民国街上到处充满了民国风情，黄包车、旗袍美女、有轨电车、百乐门，这一幕幕都是民国时代的风范。

攻 略

住宿 驴友力荐的住宿地

白鹿原周边酒店住宿条件还不错，经济型酒店宾馆很多，大酒店屈指可数。景区离市区不远，也可回市区居住。

西安白鹿之隐温泉房车营地：位于白鹿原白鹿仓景区内，集时尚交友、运动休闲、温泉养生、露天烧烤等功能于一体，由50个独立庭院组成，一个庭院即是一个独立的住宿单元，庭院内标配房车（集装箱、篷房）、住宿房间、私人温泉。

西安方欣如春商务酒店：位于西二环与大兴路交会处，距白鹿原约360米，位置优越、交通便利，集住宿、娱乐、休闲、办公为一体。酒店拥有不同房型，宽敞明亮、温馨舒适，四类房型可满足各个层次客人的需求，是白鹿原住宿的理想之选。

娱乐 城市魅力深体验

白鹿原樱桃文化旅游节：旅游节期间，游客可以观看万亩樱桃胜景、采摘樱桃鲜果、品尝田园美食、歇在农家小院，体味假日休闲的乐趣，感受远离城市喧嚣的闲适和安逸。

西安半坡博物馆

中国第一座史前遗址博物馆

微印象

@小叶杨工作室 参观半坡博物馆真是太奇妙了，能有穿越回6000年前的感觉，看到远古人的生活状态及环境，日常以农业、采摘、渔猎为生活常态，看到精美的骨针、鱼钩，让人不禁赞叹远古人的聪明智慧。

@宋小天使 强烈推荐大家去，是西安旅行里最喜欢的博物馆。就是离市区有点远，乘坐公交晃了1个小时到博物馆，大门口可以存包。一座6000年前的原始村落，原址原建，非常有意思。

门票和开放时间

门票：旺季55元，淡季45元。

开放时间：旺季（3~11月）8:00~17:30，淡季（12月至次年2月）8:00~17:00。

进入景区交通

地址：西安市东郊半坡路155号(西安市东郊约6千米的半坡村)。

地铁：乘坐地铁1号线在半坡站下车，再步行约500米即可。

景点星级

人文★★★★　　特色★★★　　休闲★★　　美丽★★★　　浪漫★★　　刺激★★

半坡遗址距今已有6000多年的历史，是一处典型的新石器时代仰韶文化母系氏族聚落，展现着当时社会、生产、生活、经济、婚姻、风俗等文化内涵。

西安半坡博物馆是新中国第一座史前聚落遗址博物馆。该馆于1958年4月1日正式对外开放，陈列展览面积约4500平方米，分出土文物陈列、遗址大厅和辅助陈列三部分，馆藏各类文物18000余件，其中三级以上文物4000多件，化石标本300余件，新石器时代的人类和动物骨骼标本若干。

链接

人面鱼纹盆是半坡遗址出土文物中最为宝贵的文物，属国家一级文物。2008年，中国人百年期盼的北京奥运会吉祥物福娃的创意灵感就来源于它。

1 大门

西安半坡博物馆大门装饰具有原始村落风格，鱼池中耸立的正在汲水的半坡姑娘的石雕及遗址大厅正面郭沫若先生题写的"半坡遗址"四个遒劲隽美的大字，都为半坡博物馆的文化氛围平添了一种情趣，使人们产生一种回归自然、回归历史、回归艺术的真情实感，此情此景，常使许多观众流连忘返。

2 出土文物展示厅

文物展示厅由序厅、第一展室、半景画展厅和第二展示组成：第一展室主要陈列原始社会半坡的生活工具，第二展室主要陈列半坡人的生活器皿。该厅主要由五个单元组成，分别是青青河畔——半坡人与生态环境、生命之诗——半坡人的生产劳动、田园牧歌——半坡人的日常生活、心灵神韵——半坡人的审美意识及隐秘玄机——半坡人留下的远古之谜。

亲子研学

半坡彩陶文化

从半坡遗址中看到的大量绚丽多彩的陶器，表明这一时期的文化为彩陶文化。其绘画作品有的丰富生动，有的神秘难测，有的则图案化，多绘在盆、钵、罐、细颈壶上。绘画作品多绘在小口器肩、腹和口部，直口器多绘在外壁或口缘外侧，大口器多绘于器内壁。多见黑彩，还有少量红彩。绘画图案古朴、简练，可分两大类：一类为象生图案，这些象生图案同史前人类的生活息息相关，形态生动的动植物纹样是农耕和渔猎生活的反映；第二类为几何图案，有三角形、方格纹、编织纹等，这类图案多在钵、罐、盆、壶类器皿外壁容易看得见的地方，图案清晰，笔画疏朗。彩陶文化首次是在河南省渑池县仰韶村被发现的，因此半坡遗址是属于新石器时代的仰韶文化。

点赞 @江南一梦 冲着网红"半坡姑娘"去的，只见她面带微笑，头微微仰起，身披兽皮手提锥形瓶，这可是六千年前的网红呢！半坡姑娘手中的那个两头尖、中间大的汲水用的锥形瓶，据说蕴藏着高深的物理学原理，真是太了不起啦！

③ 遗址保护大厅

　　遗址大厅是就地发现，原貌保存的半坡先民居住的房屋以及使用过的窑穴、陶窑、墓葬等遗址，生动地展现了我们祖先开拓的史前文明。保护大厅陈列了圆形半穴式房子遗址、瓮棺群、陶窑遗址、祭祀石柱等半坡遗址。

　　遗址大厅为 3000 平方米，是原始村落的一部分，其房屋建筑早期是半穴式，即一半在地下，以坑壁为墙露出地面的一半盖上了屋顶，这种房屋既低矮又潮湿。到了原始社会晚期，才在地面砌墙，并用木柱支撑屋顶，这种直立的墙体及带有倾斜的屋面，已形成了后来我国传统房屋建筑的基本模式，这在当时可算是了不起的举措。

解说

　　1.博物馆分为居住区、制陶区和墓葬区。与普通旅游价值相比，这里的考古价格更高。遗址大厅是博物馆参观的重点，这里会让游客有一种时空穿越的感觉。大厅内展示了遗址的部分居住区和一处陶窑。游客可以通过触摸屏，了解几千年前发生的故事，展厅内还运用电子虚拟和幻影成像等手段，再现了半坡远古先民创造灿烂文化的场景。

　　2.大厅侧面还有陈列室，这里有半坡文物集中的展示，游客会看到课本上的"人面鱼纹盆"（复制品，原件在中国国家博物馆）就陈列在这里。总之，半坡人的制陶和彩绘艺术古朴而有几何感。

④ 半坡母系氏族村

　　半坡母系氏族村是西安半坡博物馆陈列的有机延伸。它以积极保护遗址为前提，依据考古发掘资料，将珍贵的遗产从地下搬到地上，立体地再现了人类母系氏族社会。它丰富了博物馆的内涵，弘扬了中华悠久文化历史，荟萃了黄河流域史前艺术、风俗人情、民居田园的生活。它发挥了文物的优势，集科研、考古、教学、旅游、娱乐于一体，被中外游客誉为"中华第一村"。

攻略

住宿 驴友力荐的住宿地

博物馆周边的酒店宾馆很多，由于有公交车直达，住在市区也是一个不错的选择。

西安汉庭快捷酒店（长乐东路店）：毗邻康复路服装批发商城和西北最大的轻工业品批发商城，距城东客运站仅1千米，交通便捷，配套设施齐全，环境幽雅舒适，地理位置优越。

西安好客快捷酒店（唐都医院店）：位于西安市灞桥区新医路102号，距半坡遗址公园约2千米，酒店房间设施齐全，装修风格时尚简约。酒店可提供免费停车、上网服务，提供的24小时热水循环系统，可保障游客随时淋浴。

美食 饕餮一族新发现

博物馆周边的美食非常多，处处洋溢着浓郁的西北风情，羊肉泡馍、Biang Biang面、柿面糊塌、凉皮、炒粉鱼等特色小吃都可以在附近餐馆找到。推荐陈二毛肥牛火锅店和老童家牛羊肉泡馍馆。

娱乐 城市魅力深体验

史前工场文化体验项目是西安半坡博物馆推出的大型青少年参与互动体验项目，全方位、立体式地向广大青少年呈现了6000多年前半坡先民的生活画卷，也在全国众多博物馆教育项目中脱颖而出，荣获了"中国博物馆教育项目示范案例"的殊荣。

活动以6至12岁青少年为主体，在活动中可以亲自体验钻木取火、植物锤染、陶器钻孔、原始房屋搭建等项目，领略半坡原始人的生存智慧。钻木取火就是一个十分有意思的活动，先在木条上钻出火星，然后在麻布上小心地将火苗吹起，从而感受最原始、最神奇的取火体验。

第6章
西安周边

华山

太白山国家森林公园

汉唐皇陵

法门寺

黄帝陵

金丝峡

西安深度游
Follow Me
慢旅行的倡导者

华山

奇险天下第一山

微印象

@小虫 华山的两日游绝对是我陕西之旅最美好的时光，很累，很爽，很兴奋，很佩服自己！不给华山和自己一个赞，对不起祖国的大好河山啊，一定要去玩。

@九代长老 自古华山一条道。华山除了美景和险道，最让我感慨的就是阶梯旁、悬崖处，那一个个深深的脚窝，对古时候爬华山的人除了崇拜还是崇拜！

门票和开放时间

门票：旺季（3~11月）160元，淡季（12月至次年2月）100元，有效期2天，含西岳庙景区、仙峪景区、玉泉院。

开放时间：8:00~16:00，东、西线索道运营时间8:00~18:00。

最佳旅游时间

每年的4~10月是华山的旅游旺季。华山四季景色神奇多变，不同的季节可以欣赏到"云华山""雨华山""雾华山""雪华山"。每年的农历三月十五是朝山日，届时会有盛大的庙会和庆祝活动。

进入景区交通

位置：渭南华阴市境内。

交通：1.可在西安火车站东广场乘坐旅游专线车游1路到华山。

2.可在火车站对面乘坐汽车到华山，切记乘汽车尽量选择终点站是华阴或华山的汽车。如果是坐火车直接到华山下车，可以坐出租到华山景区。

景点星级

人文★★★★　　特色★★★　　休闲★★　　美丽★★★★　　浪漫★★　　刺激★★★★

华山古称"西岳"，是我国著名的五岳之一。《水经注》中形容其"远而望之若花状"，华山由此得名。其海拔约2154.9米，南接秦岭，北瞰黄渭，素有"奇险天下第一山"之称。

华山有东、西、南、北、中五峰。东峰是凌晨观日出的佳处；西峰的东西两侧状如莲花，是华山最秀奇的山峰；南峰落雁是华山最高峰。南峰"落雁"、东峰"朝阳"和西峰"莲花"三峰鼎峙，被称为"天外三峰"；还有云台、玉女二峰相辅于侧，三十六小峰罗列于前，虎踞龙盘，气象森森。华山的著名景区多达210余处，有凌空架设的长空栈道，三面临空的鹞子翻身，以及在峭壁绝崖上凿出的千尺幢、百尺峡、老君犁沟等，还有多达上千处的摩崖石刻，其中"华岳仙掌"更是被列为关中八景之首。

华山是中华民族文化的发祥地之一。华山还是道教圣地，为道教"第四洞天"。庙宇道观、亭台楼阁、雕像石刻随处可见。华山留下了无数名人的足迹，也留下了无数故事和古迹。自隋唐以来，李白、杜甫等文人墨客咏华山的诗歌、碑记和游记不下千余篇，摩崖石刻多达上千处。

小贴士

1. 登山前最好食用一些高热量的食品，这样能够有效地增加体力；

2. 在攀爬长空栈道及鹞子翻身时，一定要注意安全；

3. 华山山上多风，夏季湿气较重，登山前最好备几件御寒衣物，还可随身携带一件轻便塑料雨衣；

4. 登华山一定要穿软底运动鞋，因为山路台阶较多，手套、袜子、拐杖等可以依个人而定；

5. 看日出一般都去东峰看，但是那里风大温度低，最好带件羽绒服，山顶也有军大衣出租。

攻略

华山风景优美，有很多地点是拍美景大片的好地方。以下为简要介绍：

北峰顶：可以拍华山全景，是云雾华山、太华云海、雪舞华山的绝佳拍摄点，也适合在早上或者其他散射光的情况下取景。

卧牛石：拍摄北峰全景、北峰云雾。

救苦台：可以拍苍龙岭，适合散射光、云雾中、夕阳下拍摄。

东峰顶、引凤亭：可以拍摄华山日出，有松枝为前景。

鹞子翻身下：体验完惊险，只要是雨后初晴，还可拍摄棋亭云雾、下棋亭美景。

南天门外：面对三面临空的华山第一险境，回身升表台便可拍摄东峰全景、长空栈道。

孝子峰：拍西峰，山的崖壁金黄，还有云海、松林。

炼丹炉：拍摄华山落日、三公（凤）山云海。

❶ 东峰

东峰海拔约 2096.2 米，因位置居东得名。峰顶有一平台，居高临险，视野开阔，是著名的观日出的地方，人称朝阳台，东峰也因之被称为朝阳峰。每当红日升起，照耀周围许多如削如切的山峰，景色瑰丽。东峰由一主三仆四个峰头组成，朝阳台所在的峰头最高，玉女峰在西，石楼峰居东，博台偏南，宾主有序，各呈千秋。

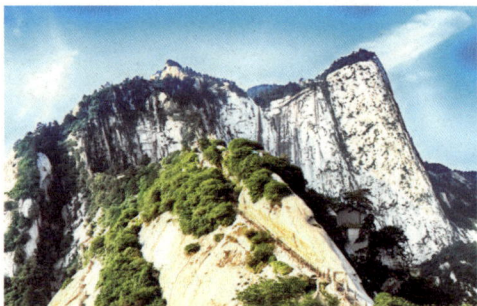

东峰顶生满巨桧乔松，浓荫蔽日，环境清幽。东峰上有三茅洞，洞内有陈抟像，洞外有甘露池。附近的清虚洞前有一孤峰，峰顶上有铁瓦亭一座，铁棋一枰，据说宋太祖赵匡胤曾在这里和陈抟下棋，棋败，将华山输给陈抟，亭遂得名"赌棋亭"。位于东石楼峰侧的崖壁上有天然石纹，像一巨型掌印，就是被列为关中八景之首的"华岳仙掌"；朝阳台北有杨公塔，与西峰杨公塔遥遥相望，为杨虎城将军所建，塔上有杨虎城将军亲笔所题"万象森罗"四字。

> 点赞 👍 @冲动的牛哥 如果想走长空栈道，那就来东峰，因为栈道是在东峰的，还有鹞子翻身，而且这里还是看日出的最佳地点。

攻略

华山是九大观日处之一。东峰朝阳台是华山看日出的最佳位置，不容错过。在上东峰朝阳台之前的一段路程中有一段天梯，基本上是90度角，喜欢不走寻常路的游人可以挑战下。

❷ 南峰

南峰又名落雁峰，海拔约 2154.9 米，是华山最高主峰，也是五岳最高峰，古人尊称它是"华山元首"。南峰由一峰二顶组成，东侧一顶叫松桧峰，西侧一顶叫落雁峰，也有说南峰由三顶组成，把落雁峰之西的孝子峰也算在其内。

峰顶最高处就是华山极顶，登山人都以能攀上绝顶而引以为豪，峰顶摩崖题刻琳琅满目，俯拾皆是。南峰顶最高处的岩石上有"真源"两个大字，老君洞北有太上泉，东流涧下，今称"仰天池"，泉水终年碧绿，在其东面崖下有"南天门"石坊。松桧峰稍低于落雁峰，而面积大于落雁峰，峰顶乔松巨桧参天蔽日，峰上建有白帝祠，又名金天宫，是华山神金天少昊的主庙；金天宫后边的松林中有一水泥亭子叫杨公亭，是著名爱国将领杨虎城将军于 1931 年上华山时所建，亭座上刻有杨虎城华山游记。

小贴士

这里只是探险之道，并非登山必由之路，一般的游客观望一下即可，体力和胆量没有把握则不要轻易冒险。所以石刻上有不少警告之语，如"悬崖勒马"等。

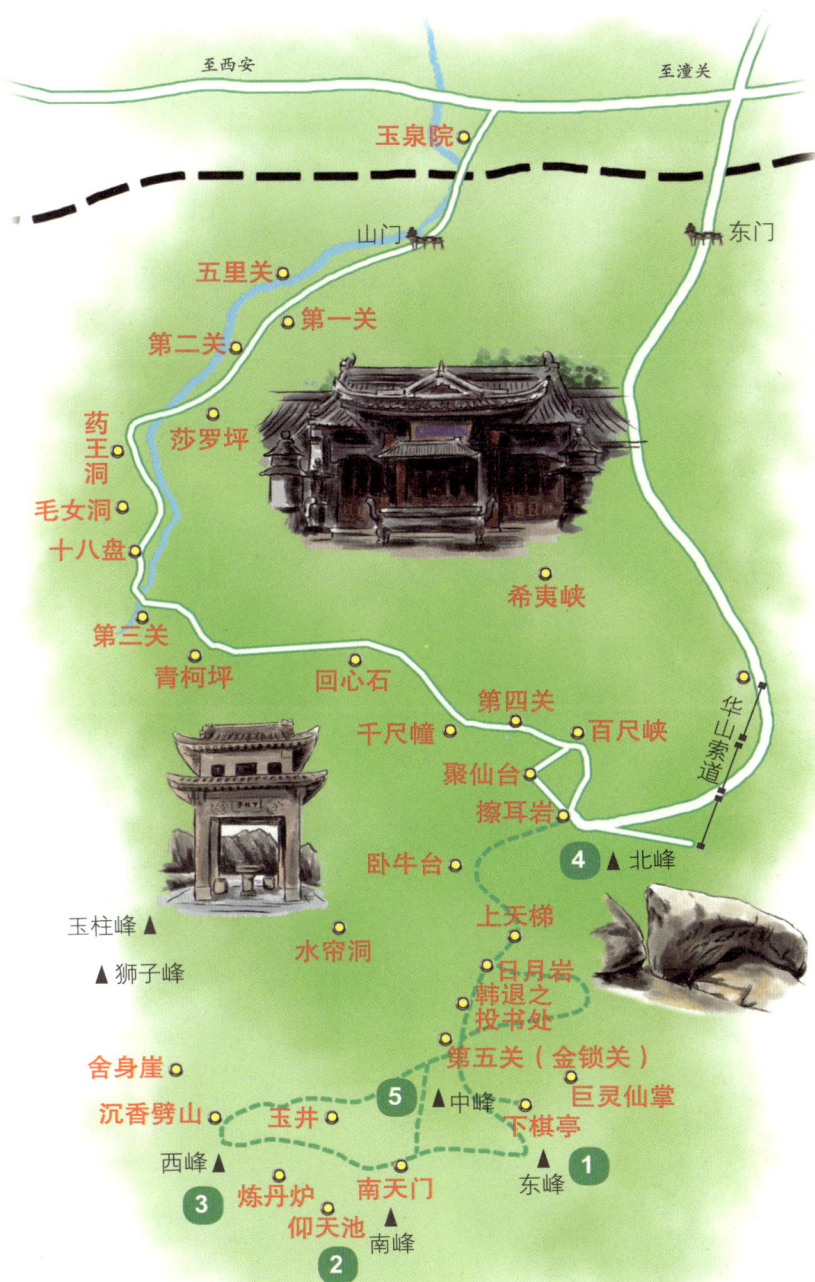

至西安　　　　　　　　　　至潼关

玉泉院

山门　　　　　　　　　　　东门

五里关

第一关

第二关

药王洞　　莎罗坪

毛女洞

十八盘

希夷峡

第三关

青柯坪　　回心石

第四关

千尺幢　　　　　百尺峡

聚仙台

擦耳岩

华山索道

卧牛台　　　④　▲北峰

玉柱峰 ▲　　上天梯

水帘洞

▲狮子峰　　　日月岩
韩退之投书处

舍身崖　　　　第五关（金锁关）

沉香劈山　　　　　　巨灵仙掌

玉井　　⑤　▲中峰　下棋亭

西峰 ▲　　　　　　　①

③　炼丹炉　南天门　　东峰

仰天池

②　南峰

华山示意图

凭借大自然风云变幻的装扮，华山的千姿万态被有声有色地勾画出来。华山雄伟奇险，身临其境可感受祖国山川的壮美。

❸ 西峰

西峰海拔约 2082 米，因位置居西得名，又因峰巅有巨石形状好似莲花瓣，故又名莲花峰。西峰为一块完整巨石，浑然天成，西北绝崖千丈，似刀削锯，截东南陡坡下松柏苍翠，清泉如琴。峰南沿着山脊岭有一条通道与东峰相通，长 300 余米，一面为绝壁，一边是斜坡，也是华山险道之一。

峰上景观比比皆是，并伴有许多美丽的神话传说，其中"沉香劈山救母"的故事流传最广。峰上崖壁题刻遍布，正草隶篆，琳琅满目。峰北绝顶叫西石楼峰，峰上杨公塔为杨虎城将军所建，塔上有杨虎城将军亲笔题词。塔下岩石上有"枕破鸿蒙"题刻，是书法家王铎手迹。莲花洞如莲花瓣覆盖石上，顶上的松树在气象站没有剃去一半前就像莲花的莲蓬一样，为西峰奇景之一。

> **点赞**　👍 @奋斗 西峰已经成为华山明信片中著名的一景，非常壮观。上西峰的路斜率很大，风也很大，拉着铁链走都感觉要被吹走。

攻略

1.苍龙岭原先虽有修凿，但仍很危险。后来，将原岭龙脊凿平加设栏杆，后又下凿尺许，才将岭道拓宽。为解决因游人多而发生的堵塞现象，华山管理局又在苍龙岭东边加修了一条辅道，旅游旺季时两条路一上一下，确保安全。

2.若是夜晚登山，遥望苍龙岭，只见到远远无数灯点排成笔直一线，斜向天际，慢慢向上移动，是游人打着手电或头灯在岭上攀登，看上去宛如登天。

解说

相传西峰是《宝莲灯》中沉香劈山救出三圣母的地方。现在翠云宫边上有一巨石中间裂开，切面笔直如被斧劈，名"斧劈石"，旁边还竖立一柄长把大斧。攀上斧劈石，可以看到岩石间隙的地面上隐约有人形，似一个女子侧躺，据说就是三圣母被压在此留下的痕迹，这些为景区增添了些奇幻的色彩。

❹ 北峰

北峰为华山主峰之一，因位置居北得名，四面悬绝，巍然独秀，有若云台，因此又名云台峰。北峰是登临其他四峰的要冲，高虽不及其他几峰，但山势险峻非常，三面绝壁，只有一条山岭通向南面，形势十分险要。"智取华山"的故事就发生在这里。唐李白《西岳云台歌送丹丘子》诗曾写道："三峰却立如欲摧，翠崖丹谷高掌开。白帝金精运元气，石作莲花云作台。"

北峰北临白云峰，东近量掌山，上通东西南三峰，下接沟幢峡危道，峰头是由几组巨石拼接，浑然天成。绝顶处有平台，原建有倚云亭，现留有遗址，是南望华山三峰的好地方。峰腰树木葱郁，秀气充盈，是攀登华山绝顶途中理想的休息场所。长春石室是唐贞观年间道士杜杯谦隐居之处。真武殿为供奉镇守九州的北方之神真武大帝而筑，焦公石室、仙油贡、神土崖皆因焦道广的传说得名。

点赞 👍 @周扬 北峰是华山的中转站，徒步者和索道者都会汇集到这里，从这里可以看到华山东西二峰的全景。虽然北峰是华山的最低峰，但景色还是很美的。

解说

1949年华阴解放前夕，国民党陕西保安第六旅旅长韩子佩率残部百余人逃上华山，妄图凭借天险负隅顽抗做最后挣扎。中国人民解放军在华阴群众的帮助下，打破"华山自古一条路"的传说，从黄甫峪攀上北峰，奇袭残匪，创造了神兵飞跃天堑、英雄智取华山的奇迹。今真武殿前百米处建有六角攒顶飞檐斗拱华山花岗岩圆雕石亭一座，亭中立有解放华山纪念碑一通。

攻略

华山论剑：喜爱金庸小说的游客一定不能错过华山北峰，小说中的"华山论剑"便位于此处，论剑台上竖有金庸题写的"华山论剑"四个大字的石碑一座，旁边的石头则刻有"飞雪连天射白鹿，笑书神侠倚碧鸳"的金庸小说首字合称。

5 中峰

中峰海拔约 2037.8 米，居东、西、南三峰中央，是依附在东峰西侧的一座小峰，古人曾把它算作东峰的一部分，今人将它列为华山主峰之一。峰上林木葱茏，环境清幽，奇花异草多不知名，游人穿行其中，香温襟袖。中峰山崖上有独松一棵，不见根，松枝凌空招展，树干无鳞有光，名曰舍身树。峰头有道舍名玉女祠，传说是春秋时秦穆公女弄玉的修身之地，因此峰又被称为玉女峰。祠内原供有玉女石尊一尊，另有龙床及凤冠霞帔等物，之后全部被毁。

中峰多数景观都与萧史弄玉的故事有关，如明星玉女崖、玉女洞、玉女石马、玉女洗头盘等，峰上还有石龟蹰、无根树、舍身树等景观，与其相关的传闻都妙趣横生，从不同角度丰富了中峰的内涵，增添了中峰的神奇与美丽。

点赞 👍 @短铅笔 玉女峰，位于其他四峰中央，有不少神话传说。中峰因为在东南西中间，所以感觉不到它的高度和险度。

攻略

游客除了游玩华山主峰外，还可凭票游览西岳庙及仙峪景区，若是有此打算，则第一天可先去仙峪，再去华山，第三天下山亦可。如此一来，可在门票有效期内将景点玩遍。

Follow Me 西安深度游

攻略

景区交通 游遍景区不犯愁

1.坐火车到达华山站后，换乘公交车，3元即到景区；或乘坐出租车到景区，车费15~20元。

2.如果到达的是华山北站（高铁站），站前有旅游专线可以到达华山的游客中心或华山玉泉院（徒步登山口）。

3.在西安火车站东广场，乘坐旅游专线车——游1路，票价约25元。8:00从火车站东广场出发，途经西岳庙，终点站玉泉院登山口；17:00由玉泉院返回，车程2小时左右。淡季（1~3月）停运。另外，西安火车站也有公交公司的大巴直达华山，班次很多，约30元/人。

4.西安城东客运站，每天有多趟发往华阴市的长途汽车，7:00~19:15，约15分钟一班。途中会在华山停靠，下车即为玉泉院登山处，需要和司机说明到华山下车。

住宿 驴友力荐的住宿地

华山山上和山下的住宿价格差别比较大，北峰以下的价格要稍微便宜。

山脚下玉泉路上有不少私人的旅馆，比较干净，价格也公道。山上有云台山庄、五云峰饭店等住宿地点。山上也有军大衣和帐篷出租，根据高度不同，价格有所变化。

美食 饕餮一族新发现

华山多民间小吃，既有陕西的特色美食，如面花、麻食、荞麦凉粉、锅盔、牛羊肉泡馍等，又有华山特色小吃，如凉皮、锅贴、大刀面、豆腐脑、踅面、黄河鲇鱼等，尝过后让人回味无穷。华山脚下玉泉路上，以及华阴市都有很多的餐馆、酒店，就餐非常方便。

登华山最好自带食品，因为山上餐馆里的饭菜价格不菲。另外，华山上饮用水比较缺乏，所以别忘了再多备几瓶矿泉水。

大刀面：是华山的特色面食。顾名思义，大刀切的面叫大刀面。浇上事先调好的油炸面酱、豆腐、粉条臊子，调入醋、盐、辣子油，即可食用。面条泛黄，汤红里透黑，酸辣可口，长久食用，可治胃寒。

踅面：踅面可称得上是我国最早的"方便面"，主成分是粗粮，做成面条后即可食，也可放置数日再食，是很好的降糖降脂方便食品。

购物 又玩又买嗨翻天

华山脚下及山路两边有很多当地人沿途设点摆摊，出售一些草秸编织品和民间剪纸等具有浓郁陕西风情的特色商品，除此之外，还有登山手杖、手电筒等可供租售。但需要注意的是，购买时最好不要因价格而发生争执。

行程推荐 智慧旅行赛导游

徒步路线

一日游：一般是夜间由华山门进山攀登，走"自古华山一条路"，于黎明前到达东峰，观看日出后环游中峰、南峰、西峰，返回金锁关沿原路下山，可沿途欣赏夜间没看到的景色。

二日游：第一天早晨游览玉泉院后登山，经北峰上至金锁关，有两种安排：一是由金锁关行至镇岳宫或西峰，安排好食宿，游览西峰诸景、赏夕阳晚霞；二是自金锁关南行，游览中峰诸景后，在中峰、迎阳洞或东峰下榻。第二天清晨于西峰顶或南峰顶观日出，遍游南峰、东峰、中峰，返回金锁关，沿原路下山。

游览车路线

一日游：在游客中心乘坐旅游专线车进山，经智取华山路至北峰，然后经擦耳崖、苍龙岭到金锁关，游南峰，下午至西峰观看日落，折返下山。

二日游：第一天早晨乘旅游专线车去西岳庙，游灏灵殿、放生池等景点，乘车返回，下午去仙峪，然后返回山下休息。第二天在游客中心乘坐旅游专线车进山，经智取华山路至北峰，然后经擦耳崖、苍龙岭到金锁关，游南峰，下午至西峰观看日落，折返下山。

小贴士

1.游玩华山时，第一要点不是欣赏无限的风光，而是自身的安全。爬华山，必须打起十二分的精神，做到"走路不看景，看景不走路"。

2.每逢重要的节假日，华山的游客数量将暴增，景区内会出现拥挤不堪的情况，对游玩的安全和质量都会有很大的影响，请尽量合理安排出游时间。

3.爬华山时，经常会在路上碰到"华山挑山工"，山上的每一件生产、生活用品，都是靠"挑山工"肩挑背驮运上山的。他们也是华山的一道风景线，请对他们给予尊重和敬意。

4.在玉泉院登山口（西山门）处，有些小店除了出售各种商品外，还可以租借登山杖、雨衣、运动鞋（每次归还后，店家会清洗）等登山物品，不过哪里租借必须哪里归还，如果是坐索道下山，必须坐车再回到玉泉院归还。

太白山国家森林公园

亚洲天然植物园

微印象

@黑米粒 太白山是中国大陆东部最高山峰，植被丰富，气候多样，风景优美。

@馋嘴猫 太白山，很美的地方，山好、水好、风景好。去太白山一定要多带点衣服，最好是防雨的。在这里能够很好地亲近大自然，自然环境非常吸引人。

门票和开放时间

门票：150元。

开放时间：旺季8:00~18:00；淡季8:00~17:30。

最佳旅游时间

夏季与秋季是上山赏景的绝佳时间。夏季山上非常凉爽，可谓避暑胜地；秋季天气晴朗，红叶漫山，令人驻足凝望。

进入景区交通

位置：太白山北麓眉县汤峪镇。

交通：1.在西安汽车站内乘坐太白山旅游专线可到达太白山游客服务中心。

2.宝鸡市内可在宝鸡西站乘坐太白山旅游专线直达太白山游客服务中心。

景点星级

人文★★★★　　特色★★★　　休闲★★★　　美丽★★★★　　浪漫★★　　刺激★★

太白山国家森林公园面积约2949万平方米，海拔高度从620米到3700米，是我国海拔最高的国家森林公园，其中太白山海拔最高为3771.2米。公园以森林景观为主体，苍山奇峰为骨架，清溪碧潭为脉络，山势雄峻，气魄雄伟。这里自然风光秀美，盛夏时节山顶也终年积雪，从关中平原远眺白雪皑皑，"太白积雪六月天"自古为关中八景之一。

公园以森林景观为主体，层层山峰高耸入云，潺潺溪流之间怪石嶙峋。巨大的高差形成了公园内气候、动植物带明显的垂直分布，在海拔620~3700米的山地范围内分布了地球上数千米范围内才有的气候带、植物带和动物带，形成了包括3个植物带、7个植物亚带、15个植被群系在内的植被垂直分布带谱。

公园内生物种类繁多，起源古老。园内共有种子植物1850种，森林动物、昆虫1690余种，保存完好的自然景观和良好的生态环境为人们回归大自然提供了良好的场所。

❶ 龙凤山景区

龙凤山景区有其独特的地貌特征，龙山在汤峪河的西岸，海拔约 1447 米，远看好似一条巨龙横卧，龙头朝东欲腾空，龙身向西南弯曲延伸直达太白山大爷海。河对面的凤山，海拔约 1427 米，远望犹如一只羽翅丰满的凤凰展翅开屏。龙、凤山遥相呼应，构成一幅龙凤呈祥的美丽画卷。

小贴士

游客登山游玩，需按照已开发的登山路线行进，特别是徒步的游客，不可贸然离开主路线去探险。去往拔仙台一路海拔都在3000米以上，要注意安全，量力而行。

门票一定要收好，从汤峪乘车去下板寺的景区大门处、太白山滑雪场的岔道口都要检票。

❷ 洞天福地景区

洞天福地是道教仙境的一部分，多以名山为主景，或兼有山水。景区海拔 1000 米左右，以自然美景和历史古迹取胜，青山环抱，苍翠迷人。据载这里是鬼谷子隐身、修道、带徒传艺之地，可观览玄德洞天门楼、独山、点将台等。

点赞 👍 @刀塔神 该景区有很多历史古迹，游览参观的过程也是了解中国历史文化的过程，一举两得，十分享受。

❸ 九九峡景区

九九峡也叫二十里金汤，景区内奇峰对峙，重峦叠嶂，洞溪涌泉，飞爆深潭，景色变幻无穷。铜墙铁壁壁立千仞，气势恢宏；莲花峰瀑布直泻千尺，惊心动魄；悬崖栈道蜿蜒于悬崖陡壁；泼墨山墨汁淋漓，形象生动；世外桃源小桥流水，一派田园风光。景区内的蓬莱孤山和剑劈峰雄伟挺拔，气势磅礴。

👪 亲子研学
剑劈峰的传说

剑劈峰，传说是神仙吕洞宾用剑所劈。相传吕洞宾与花仙子生有一子名叫回郎，这孩子聪颖过人，但自恃才高，妄称所占的这个山头为终南第一峰，欺辱灶君，得罪了众神。玉帝降旨，命吕洞宾教子。但回郎屡教不改，吕洞宾一怒之下，挥剑劈了这终南第一峰，为我们留下了这座如刀削的巨石峰，人称"剑劈峰"。

❹ 天桥仙谷景区

天桥仙谷位于九九峡东侧，有巨石仙桥、莲花峰瀑布等景点。

站在莲花峰环顾，四周的群峰组成莲花的花瓣，莲花峰居中而立，恰是花蕊。莲花峰瀑布落差 150 米，从山巅飞泻而下，似一条白练临空飞舞，又似一道彩虹架设山间，站在瀑布面前，水溅起的水烟，朦朦胧胧，送来阵阵凉意，使人神清气爽。

前往G30

汤峪镇

太白山汤峪温泉 **8**

牛窑

远门口
九省十三宫

龙凤泉

唐行宫遗址

将军迎客

凤泉景区

玉皇池

湘子树

三厘宝地

东坪

太白山庄

神功石

药王庙

中坪

1

龙凤山庙

售票处

眺望太白

云雨玉带

红军路

龙凤山景区

睡佛洞

秋望端南

观音洞

金鱼仙音

大雪崖洞

长柳坪
杨文洲纪念馆

隔断红尘

洞
天
福
地
景
区

2

骆驼峰

接官厅

独山

7

金锁关

太白山国际旅游度假区

百担榆柴

爻屏

太白山滑雪（草）场

别有洞天

检票站

鬼谷子洞

点将台
军阵图

水帘洞

太白泼墨

秀女玉立

铜墙铁壁

莲花峰瀑布

仙姬出浴

天桥仙谷景区

九流一瀑
药王栈道

珍珠潭
镇龙石

4

顽猴觅月

世外桃源

松桦坪

懒龙崖

窝坪

将军临流

通天关 一线天

七女峰

神仙洞

笑佛飞瀑

石峡天梯

下板寺
服务中心

开天关景区

莲花谷

蕙香珍奇

3

板寺云海

留香亭

林海清幽

九九峡景区

冷杉景观林

太
白
索
道

高山杜鹃

上板寺服务中心

观云海景区

5

大爷海

落叶松景观林

冰川遗迹

高山灌丛草甸

太白山国家森林公园示意图

拔仙台

6

191

5 观云海景区

观云海景区海拔 2300~3511 米，跨亚寒带和寒带两个气候带，景区内可观赏太白山冷杉、落叶松、高山灌丛草甸三个植物景观林带。该区高山景色优美，气象变化无穷，夏秋之际多云海，游人如入仙境。七女峰奇险秀丽，远山重重叠叠，令人心旷神怡。第四纪冰川遗迹形态多样，千奇百怪。气温较山下低 5℃~15℃，是避暑、度假、科研教学的理想之地。

6 拔仙台

拔仙台是太白山的最高顶，海拔约 3771.2 米，是我国大陆青藏高原以东的第一高峰。早观日出，晚看夕阳，流光溢彩，霞光万丈，令人心旷神。

拔仙台似一个不规则三角形锥体，孤高峥嵘，参天入云，三面陡峭，雄险无比，从下向上望去，峰顶庙宇凌空，山势极为险峻。然而攀登上去，却是另一番景象：台面开阔平坦，台上有封神台、雷神殿、直通西跑马梁，这时极目远眺，可谓"俯首群峰低，放眼天地宽"。

点赞 👍 @科比无敌 太白山的最高峰，好不容易爬上去了。当地向导和我说，相传这里是武王伐纣时，姜子牙建台封神的地方，就是我们熟知的《封神榜》中的封神台，只是没想到几千年前的封神台真是朴实，全部由石头堆砌而成，中间的小庙里供奉着一把椅子，向导说是当年姜太公所坐，我们是不可以坐上去的。

攻略

在拔仙台看日出，绝对是一件乐事。每当看到一轮红日穿过橙黄色的薄雾轻纱，从犬牙交错的山峦背后冉冉升起的时候，人们常常会情不自禁地欢呼跳跃，感叹山河之美。

❼ 太白山国际旅游度假区

太白山滑雪场是陕西目前面积最大的滑雪场，四面环山，依山傍水，风景优美。太白山滑雪场从美国、加拿大等国家引进了先进的专业造雪机、雪地摩托等滑雪设备，滑雪场还设有安全刺激的雪地摩托车、雪爬犁，老少皆宜的雪上飞碟，儿童游乐天地戏冰园等。

太白山示意图

❽ 太白山汤峪温泉

太白山汤峪温泉又名"凤凰泉""西汤峪"，这里山环水绕，古木丛郁，景色如画，因地处龙凤、凤凰两山环抱之中，故名凤凰泉。据记载，隋文帝杨坚曾在此建"凤泉宫"作为避暑洗浴之地，唐玄宗曾三临其地，赐名"凤泉汤"。西汤峪有十余股泉水，从地下深处沿山缝古岩裂隙中流出来，大者如拳，小者如眼，终年不断，水温常年保持在60℃左右。

攻略

住宿 驴友力荐的住宿地

　　景区内和周边提供住宿服务，星级酒店的房价为100~300元；其他普通宾馆的房价一般在80~160元；个体小旅馆价格较低，参考价位10~30元/床。山上住宿价格参考：木屋别墅150~300元/间，双人间100~160元/间，普通床位20~50元/床。

美食 饕餮一族新发现

　　山上住宿地点均提供陕西特色餐饮，包括臊子面、浆水面、扯面、凉皮、凉粉、面鱼、粉鱼、麻食、煎饼、锅盔、肉夹馍、醋粉、饸饹、豆花、麦饭、葱油饼、茶酥、菜合、香辣肉合、各种山野茶等。

　　臊子面：是陕西的风味小吃，品种多达数十种，具有薄、筋、光、汪、酸、辣、香等特色，柔韧滑爽，其中以岐山臊子面享誉最盛。岐山臊子面乡土风味尤为浓厚，以酸辣著称。

　　凉皮：凉皮吃法多样，可凉拌、可热调，还可如炒面般炒着吃，但主要还是凉拌着吃。吃着红红的凉皮，那叫一个爽，吃罢之后，嘴唇边上留下一圈辣椒油，像刚涂了口红一般。

娱乐 城市魅力深体验

　　漂流：太白山漂流位于太白山脚下，以秦岭主峰为背景，以太白融雪为水源，高山流水、天然河道。漂流全长约9.6千米，时长2~3小时，河道可控程度高，兼顾刺激、安全、舒适于一体。泛舟河上，中流击水，心旷神怡。

　　温泉：太白山凤凰温泉位于太白山国家森林公园脚下，是目前西北地区首家露天山地艺术温泉，泉水萃取地表2000米以下的优质深层岩矿泉，是最适宜人体健康养生的温泉水。

　　每年农历的七月一日，是太白山庙会，每逢此时，山上山下游人不绝，热闹非凡。每年的冬季，山中因雪太大，索道会关闭，景区内部分区域也不对外开放，具体情况可以届时致电景区确定。

行程推荐 **智慧旅行赛导游**

北坡登山路线：1.周至县汤峪太白—上板寺—大爷海—拔仙台，为整修较好的景区登山路，步行全程约40千米。此外，这条路线建有索道，直达半山。建议普通观光游客选择乘坐索道，可轻松上山，并且一天时间足够游玩。

2.周至县营头镇中山寺—白云寺—斗母宫—大殿—平安寺—文公庙—拔仙台，步行全程约90千米，此路线沿途都有明清甚至更早期的寺院庙宇，风景也不错，喜欢寻古访幽的旅友可以选择这条路线。徒步上山或下山，单程通常需要两天时间。

3.太白县鹰鸽镇—羊皮沟—平安寺—文公庙—拔仙台，步行约90千米，单程通常需要两天。

南坡登山路线：1.周至县厚畛子乡—凉水井—南天门—玉皇池—三爷海—二爷海—顶峰拔仙台，是所谓的登山老路，步行路程30多千米。

2.周至县厚畛子乡—三合宫瀑布—南天门—玉皇池—三爷海—二爷海—顶峰拔仙台，一般称为新路。这条路线大部分与老路重合，但路程缩短了约5千米。途中一直沿一条小溪流上行，需来回过河，如遇下雨则不好走。景观与老路差别不大。

3.周至县都督门—太白庙—灵观殿—跑马梁—拔仙台，步行路程约90千米。路线较长，多在山脊上爬升，沿途地势开阔，景致较好。

登太白山旅游一般需要3~5天，可找当地导游，给一些费用。除汤峪旅游路线有接待站外，其他路线进城之后只有投宿道观，如自带食物、帐篷和睡袋，行程安排会更自由些。

秋季的太白山让人赞叹，极目远眺，整个太白山五彩斑斓，层林尽染。

汉唐皇陵

宏伟壮观的帝王墓

门票和开放时间

门票	阳陵	70元
	茂陵	旺季（3~11月）75元，淡季（12月至次年2月）55元
	昭陵	35元
	乾陵	旺季（3~11月）122元，淡季（12月至次年2月）82元
开放时间	阳陵	旺季（3~11月）8:00~18:30，淡季（12月至次年2月）8:30~18:00
	茂陵	8:00~18:00
	昭陵	9:00~17:30
	乾陵	8:00~18:00

进入景区交通

位置：阳陵位于咸阳国际机场专线公路东段；茂陵位于兴平市城东北南位乡茂陵村；昭陵位于礼泉县城东北22.5千米的九嵕山上；乾陵位于乾县城北约6千米的梁山上。

交通：关中众皇陵较分散，西安市内有公交或者旅游专线前往各个皇陵。为了方便游览，建议包车往返。

景点星级

人文★★★★	特色★★★★	休闲★★★
美丽★★	浪漫★★	刺激★★

关中汉唐皇陵示意图

2 唐乾陵

唐靖陵

◎乾县

汉平陵

汉茂陵
4

唐

◎礼

　　西汉王朝自高祖刘邦到平帝刘衎，共经历了11位皇帝（不含吕后和孺子婴）。除文帝和宣帝分别葬于长安城东南的白鹿原和杜东原上外，其他9位皇帝就葬在汉长安城北的咸阳原上。

链接　西汉十一陵

高祖长陵	惠帝安陵	文帝霸陵
景帝阳陵	武帝茂陵	昭帝平陵
宣帝杜陵	元帝渭陵	成帝延陵
哀帝义陵	平帝康陵	

　　唐朝从高祖李渊到哀帝李柷，共21位皇帝，除最后的昭宗葬于河南偃师，哀帝葬于山东菏泽外，其余19位皇帝死后都葬在关中，因武则天和高宗合葬，共有18座陵墓，俗称"唐十八陵"。

链接　唐十八陵

高祖献陵	太宗昭陵	高宗、武则天合葬乾陵
中宗定陵	睿宗桥陵	玄宗泰陵
肃宗建陵	代宗元陵	德宗崇陵
顺宗丰陵	宪宗景陵	穆宗光陵
敬宗庄陵	文宗章陵	武宗端陵
宣宗贞陵	懿宗简陵	僖宗靖陵

唐章陵　唐丰陵　唐景陵　唐光陵
唐简陵　　　　　　　　　　唐泰陵
唐元陵　　　唐桥陵
唐崇陵　　　　富平　唐定陵　蒲城
唐贞陵　唐庄陵　　　　　　汉阳陵
　　　　　唐献陵　　　　1
　3　　　三原　　汉长陵
唐昭陵　泾阳　唐端陵
汉康陵　　唐安陵
汉渭陵　　泾河
渭惠渠
　　　　　渭　河
　　　　　汉长安
咸阳

汉长安
西安　　汉霸陵
　　　　汉南陵
汉杜陵

Follow Me 西安深度游

❶ 汉阳陵

汉阳陵是汉景帝刘启及其皇后王氏同茔异穴的合葬陵园，始建于公元前153年。帝陵坐西向东，被81条呈放射状的陪葬坑簇拥着，宽110米的司马道向东直通5千米之外的阳陵邑，司马道南北两侧整齐排列着王侯将相和文武百官的陪葬墓10000余座，一如当年天子临朝时大臣位列两班的威仪。

汉阳陵主要由帝陵陵园、后陵陵园、南区从葬坑、北区从葬坑、礼制建筑、陪葬墓园、刑徒墓地及阳陵邑等部分组成。帝陵居于陵园的中部偏西；后陵、南区从葬坑、北区从葬坑、一号建筑基址等距分布于帝陵四角；嫔妃陪葬墓区和罗经石遗址位于帝陵南北两侧，左右对称；刑徒墓地及三处建筑遗址在帝陵西侧，南北一字排列；陪葬墓园棋盘状分布于帝陵东侧的司马道两侧；阳陵邑则设置在陵园的东端。

整个陵园以帝陵为中心，四角拱卫，南北对称，东西相连，布局规整，结构严谨，显示了唯我独尊的皇家意识和严格的等级观念。

链接　汉阳陵博物馆

汉阳陵博物馆依托西汉景帝与王皇后同茔异穴合葬的阳陵陵园而建，是一座巧妙融合现代科技与古代文明、历史文化与园林景观于一体的大型文化旅游景区，是中国占地面积最大的博物馆。博物馆建筑风格独特，采用下沉式结构，充分保护了陵园的整体环境风貌。在1600平方米的展室内陈列着近多年来考古发掘出土的1800多件文物精品，琳琅满目。

> 👍 **点赞** 　@泡沫　汉阳陵是汉景帝的陵园，地下宫殿里展示着他的陪葬品，游人可以脚踏在透明的玻璃上近距离观赏，个人觉得值得一看。

❷ 唐乾陵

乾陵修建于唐嗣圣元年（684年），陵区仿京师长安城建制，气势雄伟壮观，是中国乃至世界上独一无二的一座两朝帝王、一对夫妻皇帝合葬陵，里面埋葬着唐王朝第三位皇帝高宗李治和中国历史上唯一的女皇帝武则天。

墓以山为陵，气势雄伟壮观，从乾陵头道门踏上石阶路，走完台阶即是一条平宽的道路直到唐高宗陵墓碑，这条道路便是司马道。在朱雀门外的神道东西两侧，分布着两组石人群像，整齐恭敬地排列于陵前。这些石人残像的大小和真人差不多，穿着打扮各不相同，但他们都双双并立，两手前拱，姿态极为谦恭。人们习惯上把这些石像称为蕃像，也称六十一蕃臣像。在朱雀门外的司马道东侧，耸立着闻名于世的武则天无字碑。在整个乾陵陵园的石雕中，无字碑不仅位置醒目，而且雕刻艺术精湛。

> 👍 **点赞** 　@小霸王　一定要去无字碑，站在山上有一种女皇的气势。

亲子研学

无字碑

武则天的无字碑是由一块完整的巨石雕琢而成的，无字碑上面雕刻了很多龙，这些龙做得十分精美。对于这块碑为什么无字，民间有很多种说法。

第一种是用来夸耀自己，认为自己的功劳岂是一块碑文能装得下的。第二种是因为自己做过不少错事，觉得还是不要写碑文比较好；第三种认为是武则天的明智之举，留一块无字碑，意思是：是非功过，任由后人评说。

也有研究说，武则天在生前已经拟好了碑文，并交代后世李显在碑上刻上这些文字。但晚年武则天已经去除了帝号，李显刻上原先的碑文，显然是不妥；但又不敢违背母意，所以干脆什么也不刻，于是留下了现在的无字碑。

乾陵示意图

❸ 唐昭陵

昭陵是唐代第二任皇帝唐太宗李世民与长孙皇后的陵墓，依九嵕山峰，凿山建陵，开创了唐代封建帝王依山为陵的先例。昭陵陵园占地面积约 200 平方千米，被誉为天下名陵。

昭陵陵园周长约 60 千米，共有陪葬墓 180 余座，是我国帝王陵园中面积最大、陪葬墓最多的一座，也是唐代具有代表性的一座帝王陵墓。从唐贞观十年（636 年）太宗文德皇后长孙氏首葬，到开元二十九年（741 年）李承乾迁葬昭陵完工，昭陵陵园建设持续了一百多年，地上地下遗存了大量的文物，是初唐走向盛唐的实物见证，也是了解、研究唐代乃至中国封建社会政治、经济、文化难得的文物宝库。

解说

陪葬墓一览： 昭陵有陪葬墓 180 余座，主要有长孙无忌、程咬金、魏征、温彦博、段志玄、高士廉、房玄龄、孔颖达、李靖、尉迟敬德、长乐公主、韦贵妃等墓，还有少数民族将领阿史那社尔等 15 人之墓。

昭陵六骏： 在祭坛东西两庑房内置有 6 匹石刻骏马浮雕像，驰名中外，六骏的名分别为"特勒骠""青骓""什伐赤""飒露紫""拳毛䯄""白蹄乌"，现存西安市碑林博物馆内。昭陵六骏刻于贞观十年，各高 2.5 米，横宽 3 米，皆为青石浮雕，姿态神情各异，线条简洁有力，威武雄壮，造型栩栩如生，显示了我国唐代雕刻艺术的成就。

逛博物馆： 昭陵博物馆内除李勣墓外，还包括两个碑石陈列室和出土文物、雕刻绘画展厅。除展出近年来发掘出土的十多座陪葬墓中文物外，主要陈列昭陵范围出土的各式唐代碑石与墓志铭，因为这些碑石有独特的书法艺术价值，因此这座博物馆又被人称为昭陵碑林。

❹ 汉茂陵

汉茂陵是西汉武帝刘彻的陵墓，历时 53 年建成。茂陵封土为覆斗形，陵体高大宏伟，形为方锥。至今东、西、北三面的土阙犹存，陵周陪葬墓尚有李夫人、卫青、霍去病、霍光、金日（mì）磾（dī）等人的墓葬。它是汉代帝王陵墓中规模最大、修造时间最长、陪葬品最丰富的一座，墓内殉葬品极为豪华丰厚，史称"金钱财物、鸟兽鱼鳖、牛马虎豹生禽，凡百九十物，尽瘞藏之"。

攻略

茂陵离咸阳很近，可选择回咸阳的宾馆住宿，比较近的有彩虹宾馆（咸阳市彩虹路 1 号）；也可选择在茂陵附近的农家乐或茂陵街道住宿，价格实惠，还可以吃到地道的陕西小吃，并且能充分领略陕西八大怪的真谛。

链接　汉茂陵博物馆

茂陵博物馆是以汉武帝茂陵、霍去病墓及大型石刻群而闻名的西汉断代史博物馆。馆藏文物 4100 余件，国宝文物 14 件，石刻伏虎、鎏金铜马、秦汉画像、青玉雕铺首、四神空心砖、文字瓦当等更是其中的珍品。霍去病墓前石刻艺术是我国迄今发现时代最早、保存最完整、最具有艺术价值的大型石刻群。

点赞　👍 @糖果诗人 汉武帝刘彻的墓，是比较有名的汉代墓，陵墓本身远观是非常令人震撼的。附近的茂陵博物馆值得一去，在馆内可以看到很多陪葬品，还有霍去病的墓，以及很抽象派的石雕，据说这些石雕很有历史代表性。

法门寺

皇家寺庙　佛教圣地

微印象

@蓝图 释迦牟尼的佛指骨舍利在这里安放，以供世人瞻礼。舍利塔造型如同合十的双手，中间镂空部分是一座传统形式的宝塔。

@羽蛇 去法门寺最重要的就是去看佛祖释迦牟尼的真身舍利，它是佛家信仰的圣物之一。

门票和开放时间

门票：100元。

开放时间：8:30~17:30。

进入景区交通

位置：宝鸡市扶风县城北约10千米的法门镇。

交通：1.从西安火车站乘坐祈福之旅班车可直达法门寺佛文化景区，每天7:30~10:30期间乘客坐满即发车。

2.从大唐芙蓉园西门乘坐祈福之旅班车也可直达景区，每天8:00~10:30期间乘客坐满即发车。

景点星级

人文★★★★　　特色★★★　　休闲★★　　美丽★★★　　浪漫★★　　刺激★★

法门寺始建于东汉末年，发迹于北魏，起兴于隋，鼎盛于唐，被誉为皇家寺庙，因安置释迦牟尼佛指骨舍利而成为世界瞩目的佛教圣地，被誉为关中塔庙祖。法门寺包括真身舍利塔、大雄宝殿、地宫及法门寺博物馆（珍宝馆）四大部分。寺内圣塔共13层，为八棱形仿木构式砖塔。

小贴士

1.去法门寺旧址的路上会有人兜售香烛，如果搭话的话，会被一直纠缠不放，最好不要理睬；

2.景区内的部分区域不能拍照或者不能使用闪光灯，请关注各处的公告和标志。

① 真身舍利塔

真身舍利塔因塔下藏有佛祖真身舍利而得名，初为圣冢，唐代建四级木塔，明代改建砖塔。宝塔共13层，为八棱形，高47米，仿木构式砖塔。塔内二层以上，每层均置有铜佛像，全塔共有88尊。

点赞 👍 @大侠 来法门寺必须要去的景点，塔内修建了平台，可以登高眺望。

👫 亲子研学

舍利子

舍利子原指佛教祖师释迦牟尼佛圆寂火化后留下的遗骨和珠状宝石样生成物。舍利子印度语叫作驮都，也叫设利罗，译成中文叫灵骨、身骨、遗身，是一个人往生、经过火葬后所留下的结晶体。

不过舍利子跟一般逝者的骨头是完全不同的，它的形状千变万化，有圆形、椭圆形、莲花形，还有的呈佛或菩萨状；颜色多为白、黑、绿、红，也有其他各种颜色；舍利子有的像珍珠，有的像玛瑙、水晶，有的透明，有的则像钻石一般光亮照人。据记载，两千多年前，释迦牟尼的遗体火化后结成舍利，印度阿育王为了弘扬佛法，散佛舍利于世界各地，凡得舍利处皆要建塔供养。中国有十九处，法门寺为第五处。

② 合十舍利塔

法门寺合十舍利塔高148米，造型为双手合十，表示了佛教的仪式特点、基本理念和人类追求和平的基本意愿。中间有安放佛指舍利的宝塔型建筑，舍利塔前面有一条长达一千五百米的"佛光大道"，两旁是花岗石雕刻的巨大佛像。

合十舍利塔分地面及地宫部分，一共六层。地宫中心，供奉着释迦牟尼佛化身佛，在释迦牟尼佛化身佛身前，有一个舍利宝函，释迦牟尼指骨舍利就存放在这个宝函之中。地宫的地下一层还设有地宫珍宝陈列室。

法门寺示意图

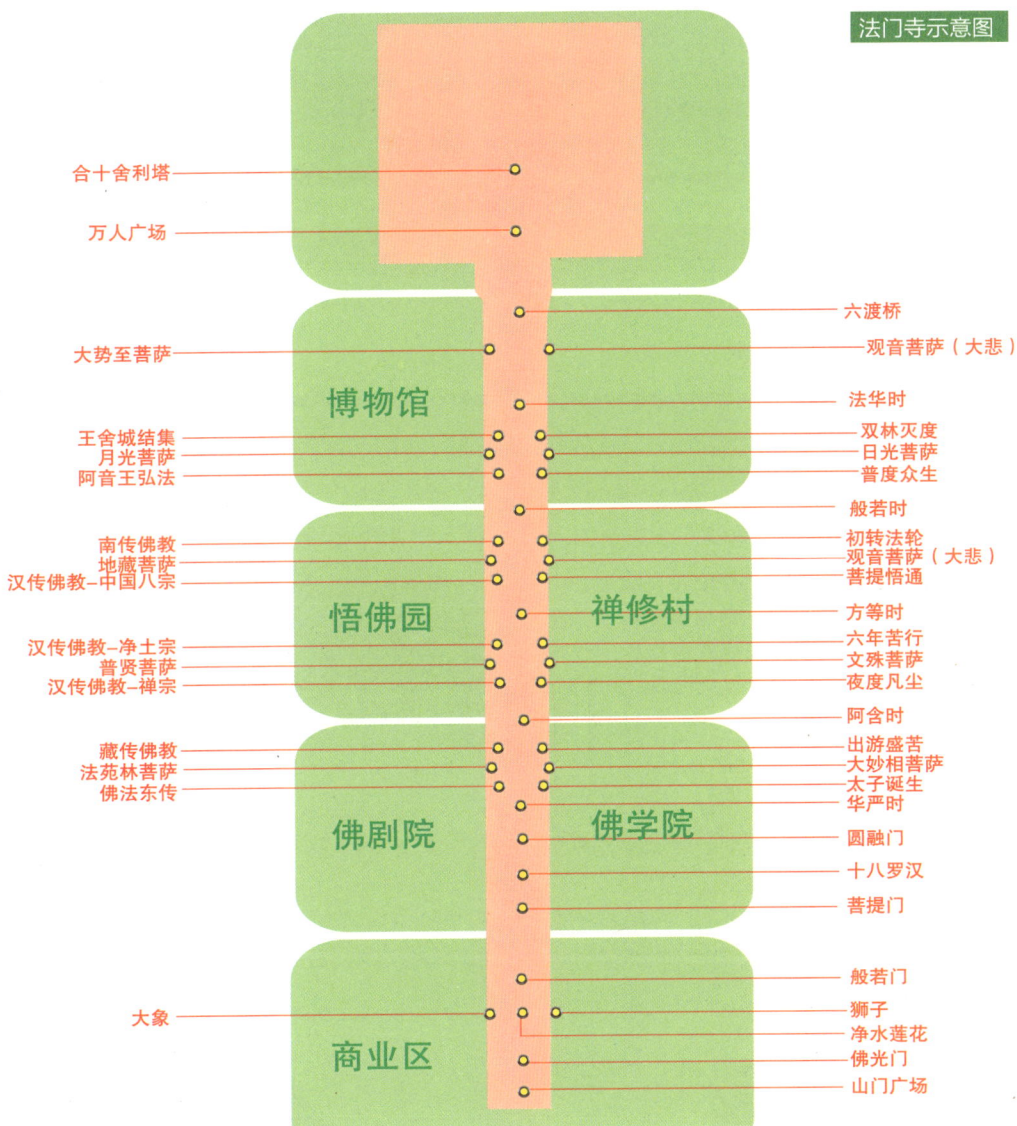

合十舍利塔

万人广场

六渡桥

观音菩萨（大悲）

大势至菩萨

博物馆

法华时

王舍城结集
月光菩萨
阿音王弘法

双林灭度
日光菩萨
普度众生

般若时

南传佛教
地藏菩萨
汉传佛教-中国八宗

悟佛园

禅修村

初转法轮
观音菩萨（大悲）
菩提悟通

方等时

汉传佛教-净土宗
普贤菩萨
汉传佛教-禅宗

六年苦行
文殊菩萨
夜度凡尘

阿含时

藏传佛教
法苑林菩萨
佛法东传

出游盛苦
大妙相菩萨
太子诞生
华严时

佛剧院

佛学院

圆融门

十八罗汉

菩提门

般若门

大象

狮子
净水莲花
佛光门
山门广场

商业区

3 地宫

　　地宫位于合十舍利塔下，内部金碧辉煌，四壁的浮雕刻画着关于佛的故事，历经千年的古物依旧熠熠放光，是国内迄今发现的佛塔地宫中最大的一个。更为重要的是地宫之内发现了令世界瞩目的当今佛教最高圣物——四枚佛指骨舍利，佛骨舍利子色泽润白，晶莹如玉，十分神奇。

攻略

赏珍宝：地宫的发现使在地下沉睡1113年的辉煌灿烂的唐代文化宝藏得以面世，这批文物包括唐皇室供奉的121件（组）金银器、首次发现的唐皇室秘色瓷系列、米至古罗马等地的琉璃器群、佛经等，还有上千件荟萃唐代丝织工艺的丝（金）织物，其中包括武则天等唐皇帝后绣裙、服饰等，均是稀世珍宝。

解说

在地宫共发现4枚舍利，按照发掘的顺序排列，第三号是真正的佛骨舍利子，其中两枚为白玉所制，另一枚为一高僧的佛指舍利，这三枚都属于"影骨"，和真正的佛指骨舍利子"灵骨"放置在一起是为了保护后者。"灵骨"色黄而有似骨质的颗粒分泌物，经专家鉴定，这一枚就是真身佛骨。

④ 珍宝馆

珍宝馆又称法门寺博物馆，以收藏、保护、展示法门寺唐塔地宫出土的珍贵文物为主，包括国内首次发现的皇家御用秘色瓷系列、女皇武则天金襕绣裙、佛教最高法器四股十二环锡杖、玳瑁开元通宝等。馆内主体建筑珍宝阁，是仿照地宫出土的唐代鎏金铜浮屠的式样建造，高大宏伟，别具一格，与寺院真身宝塔相辉映。

点赞　👍 @卢晓娜 法门寺的精华所在，馆内的各种文物珍宝令人目不暇接，太震撼太精美了！

⑤ 佛光大道

　　佛光大道在合十舍利塔旁边，大道全长约1230米，是一条成佛之道。佛光大道是按佛教"五时判教"而设，大道内两侧的10尊菩萨是为佛之因，佛是为菩萨之果。在佛光大道上穿行，可感受由菩萨之因到佛之果的成佛过程。

⑥ 东方大佛宫

　　东方大佛宫是新建的，其中露天大佛高48米，是东方大佛宫的主体，其他佛像分坐东南西北四个方向。东方大佛宫外形宏伟壮观，与宝塔相对。沿扶梯通过大佛腹内可直登宝顶，举目四望，周围千里风光尽收眼底。

攻略

住宿　驴友力荐的住宿地

　　游客可以在游览后返回西安或宝鸡住宿。如果觉得路程太赶，也可住在法门镇或扶风县城。

　　扶风关中风情园位于扶风县城新区东大街，东临法汤高速，北距法门寺约4千米，园内为明清建筑群。院内集手工加工作坊和农家风情集于一体，酒店共设餐位2000个、床位420张，身临其境可以感受极具地方特色的关中风情。

美食　饕餮一族新发现

　　法门寺旧址的路两边集中了不少餐馆、小吃摊，想吃素斋的话可以去法门寺文化景区的佛光阁，餐厅内设有素食餐厅与佛文化底蕴浓厚的五个独立包间。

娱乐　城市魅力深体验

　　1.真身舍利在周末、法定节假日和农历初一、十五及农历四月初八佛诞日才可以看到，另外珍宝馆也有许多千年前的宝贝，很有观赏价值。

　　2.在4月底，宝鸡会举行法门寺国际文化旅游节及法门寺旅游登山节这两大旅游节庆，届时会有很多民俗活动。

专题
法门寺十大世界之最

一、地宫出土的佛指舍利（一个金骨和三个影骨），是世界上目前发现的有文献记载和碑文证实的释迦牟尼佛真身舍利，是佛教世界的最高圣物。

二、法门寺地宫，是世界上目前发现的年代最久远、规模最大、等级最高的佛塔地宫。

三、地宫文物陈列方式，是世界上目前发现的最早的唐代密宗之金胎合曼曼茶罗。

四、地宫 27000 多枚钱币中，13 枚玳瑁开元通宝是世界上目前发现的最早的、绝无仅有的玳瑁币。

五、地宫出土的一整套宫廷茶具，是目前世界上发现的年代最早、等级最高、配套最完整的宫廷茶具，打破了日本为茶文化起源地的学说。

六、地宫中出土的双轮十二环大锡杖，长 1.96 米，是目前世界上发现的年代最早、体型最大、等级最高、制作最精美的佛教法器。

七、地宫中发现的 13 件宫廷秘色瓷，是世界上目前发现的年代最早，并有碑文证实的秘色瓷器。

八、地宫中发现的 700 多件丝织品，几乎囊括了唐代所有的丝绸品类和丝织工艺，堪称唐代丝绸的宝库，是唐代丝绸考古的空前大发现。

九、盛装第四枚佛指舍利的八重宝函，是世界上发现的制作最精美、层数最多、等级最高的舍利宝函。

十、安奉第三枚佛祖真身舍利的鎏金银宝函，上面錾刻金刚界四十五尊造像曼茶罗，是目前世界上发现最早的密宗曼茶罗坛场。

黄帝陵
天下第一陵

微印象

@行者阿航 想抱抱黄帝手植柏，想象一下汉武帝北征大捷、拜祭黄帝时的心情，更想把脚放进黄帝脚印里感受一下！

门票和开放时间

门票：75元。

开放时间：8:00~17:30。

最佳旅游时间

春季风沙大，夏季高温，冬季寒冷。秋季为最适宜时间。

进入景区交通

位置：延安市黄陵县城东关桥山之巅。

交通：西安北火车站有开往景区的动车，车程约2小时。

景点星级

人文★★★★　　特色★★★　　休闲★★　　美丽★★★★　　浪漫★★　　刺激★★

黄帝陵景区是国家级重点风景名胜区，是中华民族的始祖轩辕黄帝的陵园，为中华儿女祭祖的胜地。遍山有数万株古柏，其中千年以上的古柏就有3万余株，使整座山透出庄严肃穆。

自唐代宗大历五年（770年）建庙祀典以来，这里一直是历代王朝举行国家大祭的场所。新中国成立后，多次举办黄帝陵祭祀活动，后一度中断，1980年恢复清明公祭。如今，黄帝陵祭典已列入国家级非物质文化遗产名录。

小贴士

清明公祭轩辕黄帝典礼仪式期间，普通游客是不能进入景区参观的。到中午仪式结束后，可正常游览。

👪 亲子研学

轩辕黄帝

黄帝（公元前2717—公元前2599年），古华夏部落联盟首领，中国远古时代华夏民族的共主，五帝之首，被尊为中华"人文初祖"。

黄帝部落由甘肃天水自西向东迁移，史载黄帝以姬水成，因有土德之瑞，故号黄帝。黄帝以统一华夏部落与征服东夷、九黎族而统一中华的伟绩载入史册。黄帝在位期间，播百谷草木，大力发展生产，始制衣冠、建舟车、制音律、创医学等。

1 轩辕庙

轩辕庙也称黄帝庙，坐北朝南，最早建于汉代。庙院长约140米，宽约84米。整个建筑为全麻石结构，气势恢宏。

轩辕庙在桥山，庙内一株巨柏相传为黄帝亲手所植，高20余米，胸径11米，苍劲挺拔，冠盖蔽空，是我国最古老、最大的一株柏树。诚心亭面阔五间，进深一间，碑亭内立有毛泽东手迹"祭黄帝陵文"。庙中大殿上悬"人文初祖"金字匾额，殿内正中置牌位，上书"轩辕黄帝之位"六字，神龛内为墨玉刻制的黄帝浮雕像。

庙内还有著名的"黄帝脚印"，这双脚印留在约一米见方的青石上。游人不妨把自己的双脚放在黄帝脚印上试一试，这寓意踩着黄帝的脚印前进。

黄帝陵示意图

陵 ②

陵 墓 区

龙驭阁
龙角柏
黄帝陵
汉武仙台
讲解联络处
黄帝陵园
入口验票处

中华世纪柏

轩辕殿

轩辕庙

人文初祖大殿

挂甲柏

碑亭　碑廊

黄帝手柏　诚心亭
轩辕庙入口验票处

龙　池

景区入口　景区售票处

② 陵墓区

　　陵墓封土高 3.6 米，周长 48 米，环冢砌以青砖花墙，陵前有明嘉靖十五年（1536 年）碑刻"桥山龙驭"，意为黄帝"驭龙升天"之处。在前为一祭亭，歇山顶，飞檐起翘，气宇轩昂，亭内立有郭沫若手书"黄帝陵"碑石。通往陵区的石道边树有"下马石"，上书"文武官员至此下马"。陵园区周围设置红墙围护，东南侧面为棂星门，两侧有仿制的汉代石阙。陵前正南，陵园围墙以外是土筑高台，即"汉武仙台"。陵区东侧碑廊珍藏历代帝王御制祭文碑 57 通，陵区西侧立有香港回归纪念碑和澳门回归纪念碑。

攻略

住宿 驴友力荐的住宿地

　　黄帝陵周边住宿资源丰富，大大小小的酒店宾馆很多，大多位于黄陵汽车站附近，交通较为便利。

　　黄陵宾馆：位于黄帝陵景区游客服务中心。汉唐风格的建筑设计，既彰显了黄帝文化古朴厚重的历史渊源，又与黄帝陵庄严肃穆的氛围相呼应。

　　黄陵桥山滨湖酒店：酒店地处黄帝陵景区西侧，地理位置优越，交通便利，主体建筑为仿汉代古建筑，山下有沮水环绕，山上八万多棵千年古柏，四季常青。

美食 饕餮一族新发现

　　黄帝陵所处的黄陵县，其名产小吃历史悠久，品种繁多，色香味美，远近闻名。按制作工艺大致可分为四大类，即炉烤、蒸制、水煮和油炸。炉烤的黄黄馍等酥松、香脆；蒸制的软馍等嫩软、甜香；水煮的荞面片片等清香、爽口；油炸的油坨坨油润、香酥。其中的黄馍馍在《舌尖上的中国（第一季）》中有所提及，而这些小吃在景区周围都可以品尝到。

娱乐 城市魅力深体验

　　公祭黄帝陵起源于春秋时期，唐代被列为国家祭典，至今世代相传。每年在有九五之尊含义的上午九时五十分会开始公祭典礼，届时全体肃立，击鼓鸣钟，然后为黄帝敬献花篮，并向黄帝像鞠躬行礼。

金丝峡
中国最美的大峡谷

微印象

@super007wn 秦岭小九寨，洛南金丝峡。金丝大峡谷国家森林公园景色大美，公园内服务配套设施挺完善，每隔几百米就有躺椅休息，小吃摊点也很多，不用为吃饭发愁。虽然步行距离有点远，但空气质量非常好，很适合全家亲子出游。

@老侯 下着微微小雨，阻挡不了游人的兴致。雨中登山览美景别有一番情趣。

@孤独患者 景色非常漂亮，不愧是中国十大最美峡谷之一，青山碧水，听着小鸟的鸣叫，美得很，非常值得去。

门票和开放时间

门票：金丝大峡谷100元。

开放时间：淡季7:00~16:00，旺季7:30~16:30。

最佳旅游时间

金丝峡地区地处秦岭南麓连接巴山北坡，境内地势起伏，谷岭相间，属亚热带季风气候，四季分明。除了较寒冷的冬季外，其他时间都比较适合旅游。

进入景区交通

位置：商洛市商南县金丝峡镇。

班车：在西安汽车站乘坐西安—商南的汽车，从金丝峡站下车，即到达金丝峡门户区。

景点星级

人文★★★★　　特色★★★　　休闲★★★　　美丽★★★★　　浪漫★★　　刺激★★

　　金丝峡全称金丝大峡谷国家森林公园，园内风光秀丽，风格独特，风景如画，具有窄、长、秀、奇、险、幽的特点，集峰、石、洞、林、禽、兽、泉、潭、瀑等自然景观于一体，步移景异，景象万千，被誉为"峡谷奇观，生态王国"。金丝峡峡谷景观奇特俊秀，这里山峰溶洞别有洞天，还有多处险岩绝壁，而绝壁山峰之间更有各种溶洞20多处，令人赞叹。峡谷中流泉飞瀑，形成了深浅不一、形状各异的30多个碧潭。

点赞 👍 @钥匙喜欢苗　金秋送爽，站在峡谷里，凉凉的微风迎面吹来，如同自己爱的人轻吻自己一般浪漫。峡谷里有平路有坡路，水也是碧绿的，很适合各种年龄阶段的旅客游玩。此外，当地人也十分淳朴。

① 白龙峡

　　白龙峡俗称七里峡、北峡，峡口处有白龙潭，还有白龙洞。峡口左侧有凤山，犹如凤凰展翅；右侧山峰叫猴山，山头有一石猴，有仙猴戏凤之说。左侧山坡上还有一个拔地而起的奇石仙人石，亦称仙人峰。

　　马刨泉是白龙峡的名景之一，又称白雪泉。白雪泉乃天然矿泉水，富含人体所需的钙、铁、锌、硒等十多种微量元素，被当地人称为"神泉"。

距峡口三千米处，两块五吨大小的巨石上生长着两棵树，其中较粗的一棵树是名贵植物金钱槭，国家重点保护树种；较细的那颗名叫毛紫薇。两棵树的根深扎于坚石之中，傲然屹立。

白龙峡最狭窄的地方是白龙门，两边都是悬崖绝壁，壁立千仞。这里集奇花奇石奇湖于一体，峡谷开阔，众多兰草散生其间，号称秦岭第一兰花谷。

点赞 👍 @更吧更吧 白龙峡里面到处都是清澈见底的水流。国庆期间去的，河水很凉，手放在水里久了就会觉得冰冷彻骨，不过洗洗脸还是可以去除燥热的。

② 青龙峡

青龙峡俗称东峡，是四个峡谷中最狭窄的一个，峡谷两面绝壁千仞，藤萝摇缀，险峻异常。更为奇特的是，两面悬崖峭壁上茂密地生长着海桐、樟树、铁杉等珍贵的常绿乔木，成为避暑休闲的佳境。

青龙峡东边，一峰顶部兀起，光滑亮丽，俯视整个峡谷，名为寿峰。峰上有夫妻树，因形似夫妻拥抱而得名，较粗壮的一棵，就像是家里的顶梁柱男子汉，旁边的另一棵就像是小娇妻一样缠绕在他的身旁。

❸ 黑龙峡

黑龙峡景区以"谷深狭窄，壁绝峰险，溪潭珠连，原始幽深"而著称，有"不游黑龙峡，枉来金丝峡"之说。黑龙峡因峡谷窄长，水在石槽中湍流，在石潭里回旋，在阳光的折射下，闪闪发光，犹如金丝串珠。

金狮洞位于黑龙峡，是一个天然地表大溶洞。金狮洞外谷底深潭边的石壁上，有一弥勒佛像，藏于浓密的草木间。

锁龙瀑布，因瀑布两边的山崖，如两扇厚厚的门，锁住了去路而得名。租上竹排，乘竹排摆渡至瀑布近处，抬眼望去，瀑布飞流直下，一波三折。瀑布下深潭水平如镜，潭水清澈见底。

月牙峡位于金丝峡中部，为黑龙峡的最窄处，一面是神鞭峰，一面是猫耳崖，两山错落叠置成突兀的壁立峡谷。从谷底仰视，光线从崖缝照进来像弯弯的月牙，故名月牙峡，也叫天坑地缝或天隙一线。

> **点赞** 👍 @徐乐Mxx 一个类似桃花源的地方，号称天然氧吧的金丝大峡谷，从头走到尾感觉到的都是清新。炎热夏天走进这里会觉得冷飕飕的，因为有丰富的植被和不断流的水，纯粹的自然景观真的是一种享受。据说金丝峡上山路上有片奇景，冬日峡谷里大雪纷飞，唯有这片照样花开叶绿、流水不变。

❹ 石燕寨

石燕寨呈南北走向，东、西、南三面均为悬崖绝壁，只有北坡狭路一条，有险如华山之称。山寨由五大台阶构成，第一台阶高崖峻壁，是上山道路的关隘，人称南天门；主寨在第二台阶，是道教圣地，供奉真武祖师，每逢节日或者道会，人们就会接踵登山；第五台阶为玉皇顶，可远眺楚天空阔、豫水旖旎。

莲花洞因形似莲花花瓣而得名。洞内钟乳，千姿百态。洞口古松横空，洞内钟乳石千姿百态，洞底形似莲花花瓣。洞内有一泓泉水，清澈见底，四季不涸。

蟒洞是一条又细又窄的峡谷缝隙里的一个洞穴。站在洞中向上望，可以从一条狭长的缝隙看到天空，就像是雷电劈开的痕迹。洞中有一形似巨蟒的钟乳石侧卧在洞中，故名蟒洞。

❺ 丹江源

丹江源景区流水景观呈阶梯状展布，涓涓溪流汇入丹江，是南水北调工程中水源地之一。瀑布与潭水成群分布，以幽深的峡谷、瀑布群为主要特色。

瀑布飞泻而下被山石分为两缕，十余米的山崖上一股瀑布，在过半时被山石分出一缕，故名双溪瀑布。二瀑虽隔树相望，但相距不足百米，水在树林中相汇，声在空中相和，浑然一体。

丹鱼湖是一个人工湖泊，蓄水约1万立方米。它既具有垂钓、游览的娱乐功能，又具有拦截泥石流、调节下游瀑布流量的功能。

> **点赞** 👍 @呆呆云沫 水很轻，山很绿，最重要的是在兰花盛开的季节，整个山洞都能闻到幽幽的花香，这些花都是纯天然野生的，它的水真的好冰，可能是从山的体内流出来的缘故。